高等职业教育新形态教材

经济应用数学

主　编　王　芳
副主编　黄孙琴　刘明秀

北京理工大学出版社
BEIJING INSTITUTE OF TECHNOLOGY PRESS

版权专有 侵权必究

图书在版编目（CIP）数据

经济应用数学/王芳主编. —北京：北京理工大学出版社，2020.3（2021.1重印）

ISBN 978-7-5682-8143-0

Ⅰ. ①经… Ⅱ. ①王… Ⅲ. ①经济数学-高等学校-教材 Ⅳ. ①F224.0

中国版本图书馆 CIP 数据核字（2020）第 016476 号

出版发行 /	北京理工大学出版社有限责任公司
社　　址 /	北京市海淀区中关村南大街 5 号
邮　　编 /	100081
电　　话 /	（010）68914775（总编室）
	（010）82562903（教材售后服务热线）
	（010）68948351（其他图书服务热线）
网　　址 /	http://www.bitpress.com.cn
经　　销 /	全国各地新华书店
印　　刷 /	唐山富达印务有限公司
开　　本 /	710 毫米 × 1000 毫米　1/16
印　　张 /	9.5
字　　数 /	225 千字
版　　次 /	2020 年 3 月第 1 版　2021 年 1 月第 4 次印刷
定　　价 /	32.00 元

责任编辑／多海鹏
文案编辑／孟祥雪
责任校对／周瑞红
责任印制／李志强

图书出现印装质量问题，请拨打售后服务热线，本社负责调换

前　言

本教材根据高等院校的人才培养目标，结合高等院校应用数学的教学特点和当前高等数学课程改革经验，依照"定位高等，注重简洁直观，强化应用意识，融入数学思想"的原则编写，在符合教材自身逻辑的前提下，结合目前高等院校经济类专业学时少的特点，编写了三个模块（准备模块、理论模块、实践模块），力求语言准确、条理清晰，让教师在教学过程中引导学生跳出传统高等数学学习的误区，以便更容易掌握关键知识点，培养学生形成严谨的数学思维习惯，提升学生的整体职业素质．

本教材归纳起来主要有以下特点：

1. 从数学在经济领域中的应用出发，精选了多个案例，以数学建模贯穿全书，做到数学知识与实际问题的紧密结合，内容新颖，体现了培养应用型、实用型人才的需要．

2. 本教材特别强调学生学习方法的掌握，打破了以往高等教材的完备性、系统性和逻辑性，更注重学生基础概念的建立、基本方法的突破以及应用问题的分析和求解．淡化数学概念的抽象描述，强化几何直观，突出实际应用．让学生了解强调本质、结构和强化分类是突破基本方法的核心，真正做到简单高效地掌握基本的计算方法，有利于提高运用数学知识解决实际问题的能力．

3. 本教材精选了一些数学文化的素材，体现了通识必修课的文化功能，重视数学思想的融合和渗透，引导学生初步领会到数学的精神实质和思想方法，有利于发挥数学课程的育人功能，激发学生的学习兴趣和提升数学应用的能力．

4. 本教材在实践模块中介绍了数学软件 Mathematica 的应用，详细讲述了该软件的一般功能和各种操作技巧，使学生能初步掌握数学软件的基本用法，锻炼学生的操作技能，从而提高学生运用数学软件解决实际问题的能力．

5. 本教材配备了微课视频，学生可以随时随地扫描二维码进行观看，方便学生课前预习与课后复习，巩固知识，加深理解．

6. 本教材每个应用后配备了基础练习、提高练习和应用练习，以帮助学生进一步消化知识．不同层次的练习有助于教师进行层次教学，对学生进行递进训练．

本教材由王芳任主编，黄孙琴、刘明秀任副主编，并参考其他教师的意见和建议，最后由王芳统稿、定稿．

在本教材的编写过程中，得到北京理工大学出版社提供的大力帮助，在此表示感谢！

编写教材是一项影响深远的教育工作，我们深感责任重大.但由于编者的水平有限，虽然经过反复校对和仔细推敲，书稿中恐仍有许多不尽如人意、不合教学之处，衷心期待专家和广大读者批评指正！

编　者

目 录

准备模块　函数与数学模型 ……………………………………………… (1)
　　构建函数模型 ……………………………………………………………… (1)

理论模块　微积分 ………………………………………………………… (12)
　　应用一　常见经济函数 …………………………………………………… (12)
　　应用二　经济活动中的预测——极限与连续 …………………………… (20)
　　应用三　弹性分析——导数与微分 ……………………………………… (35)
　　应用四　简单的经济优化——最值问题 ………………………………… (54)
　　应用五　边际分析——不定积分 ………………………………………… (67)
　　应用六　变化率与总量问题——定积分 ………………………………… (82)

实践模块　数学软件 ……………………………………………………… (99)
　　实践一　数学软件 Mathematica 入门 …………………………………… (99)
　　实践二　微积分运算 ……………………………………………………… (110)

参考答案 …………………………………………………………………… (117)

单元练习 …………………………………………………………………… (125)
　　单元练习一 ………………………………………………………………… (125)
　　单元练习二 ………………………………………………………………… (127)
　　单元练习三 ………………………………………………………………… (129)
　　单元练习四 ………………………………………………………………… (131)

综合测试题 ………………………………………………………………… (134)
　　综合测试题一 ……………………………………………………………… (134)
　　综合测试题二 ……………………………………………………………… (137)
　　综合测试题三 ……………………………………………………………… (140)
　　综合测试题四 ……………………………………………………………… (143)

准备模块

函数与数学模型

构建函数模型

随着科学技术的进步，数学的应用已不再局限于自然科学，它已大量应用于经济学、管理学、信息科学、环境科学等各个领域，大到国民经济，小到公司管理、个人规划等均离不开数学这个工具．许多以定性为基础的学科正逐步走上定量化的道路．数学在搞好经济管理、发展生产以及自然学科或社会学科中的重要性已为越来越多的人所认识．通过本部分的学习，学生将初步了解数学建模的过程和方法，领略如何用数学来描述自然现象、社会现象的变化规律，并用它来解决问题．

数学模型是针对现实世界的某一特定对象，为了一个特定的目的，根据特有的内在规律，作出必要的简化和假设，运用适当的数学工具，采用形式化语言，概括或近似地表述出来的一种数学结构．它能解释特定对象的现实状态，或能预测特定对象的未来状态，或能提供处理特定对象的最优决策或控制．函数关系可以看作一种变量间有相互依存关系的数学模型．通过举例，了解如何运用学过的函数解决一些简单的实际例子，从而初步了解建立数学模型的过程．学好数学最有效的学习方法是通过数学模型方法去认识基本的实际问题．数学模型方法如图 0-1 所示．

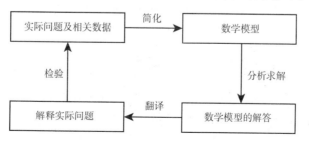

图 0-1

数学模型的构建和解决实际问题的步骤分为以下五个阶段:

(1) 科学地识别与剖析实际问题;

(2) 形成数学模型 (分析问题中哪些是变量,哪些是常量,分别用不同的字母表示;根据所给的条件,运用相关知识,确定一个满足这些关系的函数或图形);

(3) 求解数学模型;

(4) 研究算法,并尽量使用计算机;

(5) 回到实际中去,解释结果.

● 问题 0.1 面包的最佳定价应为多少?

学院为了培养学生的创业能力,鼓励学生在校开展各种营销活动.为了探索创业途径,学生张三利用业余时间在学院超市内打工.经过一段时间的统计,他发现某种面包以每个 8 元的价格销售时,每天能卖 400 个;价格每提高 5 角,每天就少卖 20 个.另外,柜台每天的固定开销为 400 元,每个面包的成本为 4 元.此后,张三决定独自经营面包柜台,问:张三怎样确定面包的价格,才能使获得的利润最大?

问题 0.1 分析与解答

(1) 分析:根据信息可以做如下假设.

①随着面包价格上涨,销售量呈线性下降;

②假设每天准备的面包可以全部卖完.

(2) 建立数学模型

根据题意,设 y 表示获得的利润,x 为利润最大时面包的定价.

因为价格每提高 5 角,每天就少卖 20 个,所以当定价为 x 元时,销售量为 $400 - \dfrac{x-8}{0.5} \times 20 = 720 - 40x$,所以每天的利润为

$$y = (x-4)(720-40x) - 400 = -40x^2 + 880x - 3\,280$$

(3) 求解模型.

由二次函数的性质可知当 $x = 11$ 元时,y 取得最大值为 1 560 元.

(4) 说明.当面包定价为 11 元时面包的销售量只有 280 个,所以当天准备的面包个数是 280 个,面包的价格定为 11 元时,可以获得最大利润 1 560 元.

● 问题 0.2 工薪人员的收入和个税

随着人们生活水平的提高,从 2018 年 8 月 31 日起个人所得税的起征点调至 5 000 元,表 0-1 所示为现行的 7 级税率.

工薪人员的收入和个税——分段函数

表 0 – 1

级数	全月应纳税所得额（月收入 – 5 000元部分）	税率/%
1	不超过3 000元的部分	3
2	超过3 000元至12 000元的部分	10
3	超过12 000元至25 000元的部分	20
4	超过25 000元至35 000元的部分	25
5	超过35 000元至55 000元的部分	30
6	超过55 000元至80 000元的部分	35
7	超过80 000元的部分	45

（1）试表示应缴税款 y 和月收入额 x 之间的关系．

（2）小李扣除五险一金后月收入额为10 000元，请问小李每月应缴税多少元？

（3）小张上个月缴了1 650元的税款，请问小张上个月的收入是多少？

问题0.2　分析与解答

（1）这里不同收入范围应缴税率和税额都是不一样的，所以所列函数必然是一个分段函数．由表 0 – 1 中所列数据可得分段函数如下（*）：

$$y = \begin{cases} 0, & 0 \leq x \leq 5\,000, \\ (x - 5\,000) \times 3\%, & 5\,000 < x \leq 8\,000, \\ (x - 8\,000) \times 10\% + 90, & 8\,000 < x \leq 17\,000, \\ (x - 17\,000) \times 20\% + 900 + 90, & 17\,000 < x \leq 30\,000, \\ (x - 30\,000) \times 25\% + 990 + 2\,600, & 30\,000 < x \leq 40\,000, \\ (x - 40\,000) \times 30\% + 3\,590 + 2\,500, & 40\,000 < x \leq 60\,000, \\ (x - 60\,000) \times 35\% + 6\,090 + 6\,000, & 60\,000 < x \leq 85\,000, \\ (x - 85\,000) \times 45\% + 12\,090 + 8\,750, & x > 85\,000. \end{cases} \quad (*)$$

（2）对照式（*），小李的月收入10 000元在 $8\,000 < x \leq 17\,000$ 范围内，所以应缴税 $y(10\,000) = (10\,000 - 8\,000) \times 10\% + 90 = 290$（元）．

（3）对照式（*），小张的税款1 650元与基数990比较接近，所以可以推测其月收入在 $17\,000 < x \leq 30\,000$，根据 $(x - 17\,000) \times 20\% + 990 = 1\,650$，得 $x = 21\,300$，即小张月收入为21 300元．

自变量在不同变化范围中，对应法则用不同式子表示的函数，通常称为分段函数．

注：分段函数的定义域为各部分取值范围的并集．

例如：设函数 $f(x) = \begin{cases} \cos x, & -4 \leq x < 2, \\ 1, & 2 \leq x < 3, \\ 4x + 1, & x \geq 3. \end{cases}$

求 $f(-\pi)$，$f(2)$，$f(3.5)$ 及函数的定义域.

解 因为 $-\pi \in [-4,2)$，所以 $f(-\pi) = \cos(-\pi) = -1$；

因为 $2 \in [2,3)$，所以 $f(2) = 1$；

因为 $3.5 \in [3,+\infty)$，所以 $f(3.5) = 4 \times (3.5) + 1 = 15$；

函数 $f(x)$ 的定义域为 $[-4,+\infty)$.

●问题 0.3　抵押贷款问题

设某小区二室一厅商品房价值 1 000 000 元，李某自筹了 400 000 元，要购房还需贷款 600 000 元，贷款月利率为 0.5%，条件是每月还一些，25 年内还清，假如还不起，房子归债权人. 问：李某具有什么能力才能贷款购房呢？

问题 0.3　分析与解答

分析：起始贷款 600 000 元，贷款月利率 $r = 0.005$，贷款 n 月 $= 25 \times 12 = 300$ 月，每月还 x 元，y_n 表示第 n 个月仍欠债主的钱.

建立模型：$y_0 = 600\,000$

$$y_1 = y_0(1+r) - x$$

$$y_2 = y_1(1+r) - x = y_0(1+r)^2 - x[(1+r)+1]$$

$$y_3 = y_2(1+r) - x = y_0(1+r)^3 - x[(1+r)^2 + (1+r) + 1]$$

…

$$y_n = y_0(1+r)^n - x[(1+r)^{n-1} + (1+r)^{n-2} + \cdots + (1+r) + 1]$$

$$= y_0(1+r)^n - \frac{x[(1+r)^n - 1]}{r}$$

当贷款还清时，$y_n = 0$，可得 $x = \dfrac{y_0 r(1+r)^n}{(1+r)^n - 1}$.

把 $n = 300$，$r = 0.005$，$y_0 = 600\,000$ 代入得 $x \approx 3\,865.8$，即李某如不具备每月还款 3 866 元的能力，就不能贷款.

知识拓展

函数在数学建模中常常被应用，高等数学是以函数为主要研究对象的一门数学课程，所以我们有必要来回顾复习一下学过的主要函数.

1. 基本初等函数

我们将已学过的常数函数、幂函数、指数函数、对数函数、三角函数和反三角函数统称为基本初等函数. 它们的定义域、值域、图像和性质如表 0-2 所示.

表 0-2

函数		定义域与值域	图像	性质
常数函数 $y = C$		$x \in (-\infty, +\infty)$ $y = C$		偶函数
幂函数 $y = x^\alpha$		随 α 而不同		当 $\alpha > 0$ 时, 在 $(0, +\infty)$ 内单调增加; 当 $\alpha < 0$ 时, 在 $(0, +\infty)$ 内单调减少
指数函数 $y = a^x$ ($a > 0, a \neq 1$)		$x \in (-\infty, +\infty)$ $y \in (0, +\infty)$		过点 $(0, 1)$, 当 $a > 1$ 时单调增加; 当 $0 < a < 1$ 时 单调减少, 曲线以 x 轴为渐近线
对数函数 $y = \log_a x$ ($a > 0, a \neq 1$)		$x \in (0, +\infty)$ $y \in (-\infty, +\infty)$		过点 $(1, 0)$ 当 $a > 1$ 时单调增加; 当 $0 < a < 1$ 时 单调减少
三角函数	正弦函数 $y = \sin x$	$x \in (-\infty, +\infty)$ $y \in [-1, 1]$		奇函数, 以 2π 为周期, 有界
	余弦函数 $y = \cos x$	$x \in (-\infty, +\infty)$ $y \in [-1, 1]$		偶函数, 以 2π 为周期, 有界

续表

	函数	定义域与值域	图像	性质
三角函数	正切函数 $y=\tan x$	$x \neq k\pi + \dfrac{\pi}{2}$ $(k \in \mathbf{Z})$ $y \in (-\infty, +\infty)$		奇函数,以 π 为周期,每一个连续区间内单调增加,以直线 $x = k\pi + \dfrac{\pi}{2}(k \in \mathbf{Z})$ 为渐近线
	余切函数 $y=\cot x$	$x \neq k\pi$ $(k \in \mathbf{Z})$ $y \in (-\infty, +\infty)$		奇函数,以 π 为周期,每一个连续区间内单调减少,以直线 $x = k\pi(k \in \mathbf{Z})$ 为渐近线
	正割函数 $y=\sec x$		$y = \sec x = \dfrac{1}{\cos x}$	
	余割函数 $y=\csc x$		$y = \csc x = \dfrac{1}{\sin x}$	
反三角函数	反正弦函数 $y=\arcsin x$	$x \in [-1,1]$ $y \in \left[-\dfrac{\pi}{2}, \dfrac{\pi}{2}\right]$		单调增加的,奇函数,有界
	反余弦函数 $y=\arccos x$	$x \in [-1,1]$ $y \in [0,\pi]$		单调减少函数,有界

函数	定义域与值域	图像	性质
反三角函数 反正切函数 $y = \arctan x$	$x \in (-\infty, +\infty)$ $y \in \left(-\dfrac{\pi}{2}, \dfrac{\pi}{2}\right)$		单调增加的，奇函数，有界，以直线 $y = \pm \dfrac{\pi}{2}$ 为渐近线
反三角函数 反余切函数 $y = \operatorname{arccot} x$	$x \in (-\infty, +\infty)$ $y \in (0, \pi)$		单调减少函数，有界，以直线 $y = 0$、$y = \pi$ 为渐近线

2. 复合函数

设 y 是 u 的函数 $y = f(u)$，u 是 x 的函数 $u = \varphi(x)$. 如果 $u = \varphi(x)$ 的值域或其部分包含在 $y = f(u)$ 的定义域中，则 y 通过中间变量 u 构成 x 的函数，称为 x 的复合函数，记作

$$y = f[\varphi(x)]$$

复合函数与初等函数

其中，x 是自变量，u 称作中间变量.

例如，$y = \sin^2 x$ 是由 $y = u^2$ 和 $u = \sin x$ 复合而成的；$y = \sqrt{1 - x^2}$ 是由 $y = \sqrt{u}$ 和 $u = 1 - x^2$ 复合而成的.

要认识复合函数的结构，必须要认识其复合过程，也要理解复合函数如何进行分解. 通常采取由外层到内层分解的办法，将 $y = f[\varphi(x)]$ 拆成若干基本初等函数或简单函数的复合. 习惯上，我们将基本初等函数经过有限次四则运算所得到的函数称为简单函数.

复合函数分解为简单函数的步骤：

第一步：确定外层函数 $y = f(u)$（y 是 u 的函数）；

第二步：确定内层函数 $u = \varphi(x)$（u 是 x 的函数）.

复合函数分解为简单函数的标准：

（1）基本初等函数（幂函数、指数函数、对数函数、三角函数及反三角函数）；

（2）基本初等函数的四则运算；

（3）特别注意多项式函数，如一次多项式函数 $ax + b$，二次多项式函数 $ax^2 + bx + c$ 等.

例1 指出下列函数的复合过程：

(1) $y = \sin(x^3 + 4)$； (2) $y = 5^{\sin x^2}$．

解 (1) 设 $u = x^3 + 4$，则 $y = \sin(x^3 + 4)$ 由 $y = \sin u$，$u = x^3 + 4$ 复合而成．

(2) 设 $u = \sin x^2$，则 $y = 5^u$；设 $v = x^2$，则 $u = \sin v$，所以，$y = 5^{\sin x^2}$ 可以看成是由 $y = 5^u$，$u = \sin v$，$v = x^2$ 三个函数复合而成的．

例2 设 $f(x) = x^3$，$g(x) = \ln x$，求 (1) $f[g(x)]$；(2) $g[f(x)]$．

解 $f(x) = x^3$ 定义域为 $\mathbf{R}$，$g(x) = \ln x$ 定义域为 $(0, +\infty)$，它们的交集非空，因而可以复合．

(1) $f[g(x)] = [g(x)]^3 = (\ln x)^3 = \ln^3 x$；

(2) $g[f(x)] = \ln[f(x)] = \ln x^3$．

3. 初等函数

由基本初等函数经过有限次的四则运算及有限次的复合而成的函数叫作初等函数．一般来说，初等函数都可以用一个解析式子表示．

例如 $y = \arctan\sqrt{\dfrac{1+\sin x}{1-\sin x}}$，$y = \sqrt[5]{\ln \cos^3 x}$，$y = e^{\operatorname{arccot}\frac{x}{3}}$，$y = \dfrac{3^x + \sqrt[3]{x^2+5}}{\log_2(3x-1) - x\sec x}$

都是初等函数．而

$$y = 1 + x + x^2 + x^3 + \cdots$$

$$y = \begin{cases} 1, & x > 0, \\ 0, & x = 0, \\ -1, & x < 0 \end{cases}$$

都不是初等函数．

4. 函数的几种特性

(1) 单调性：设函数 $y = f(x)$ 在区间 (a, b) 内有定义，如果对于 (a, b) 内的任意两点 x_1 和 x_2，当 $x_1 < x_2$ 时，有 $f(x_1) < f(x_2)$（或 $f(x_1) > f(x_2)$），则称函数 $f(x)$ 在 (a, b) 内是单调增加（或单调减少）的．单调增加函数与单调减少函数统称为单调函数．

单调增加函数的图形沿 x 轴的正向上升，单调减少函数的图形沿 x 轴的正向下降．（见图 0-2）

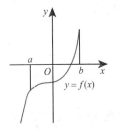
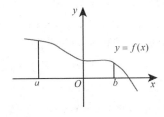

图 0-2

(2) 奇偶性：设函数 $y=f(x)$ 在集合 D 上有定义，如果对任意的 $x\in D$，恒有 $f(-x)=f(x)$（或 $f(-x)=-f(x)$），则称 $f(x)$ 为偶函数（或奇函数）．

偶函数的图形关于 y 轴对称；奇函数的图形关于原点对称．（见图 0-3）

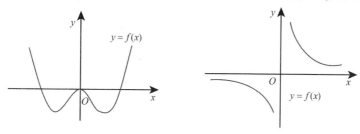

图 0-3

(3) 周期性：对于函数 $y=f(x)$，如果存在非零常数 T，使 $f(x)=f(x+T)$ 恒成立，则称此函数为周期函数．T 称为周期．

若 T 为函数 $y=f(x)$ 的周期，则 $kT(k\in \mathbf{Z})$ 也是函数 $y=f(x)$ 的周期．我们把满足 $f(x)=f(x+T)$ 的最小正数 T_0 称为最小正周期．

周期函数的图形每经过一个周期 T 重复出现一次．

(4) 有界性：$y=f(x)$ 在集合 D 上有定义，如果存在一个正数 M，对于所有的 $x\in D$，恒有 $|f(x)|\leqslant M$，则称函数 $f(x)$ 在 D 上是有界的．如果不存在这样的正数 M，则称 $f(x)$ 在 D 上是无界的．

函数 $y=f(x)$ 在区间 (a,b) 内有界的几何意义是：曲线 $y=f(x)$ 在区间 (a,b) 内被限制在两条平行于 x 轴的直线 $y=M$ 与 $y=N$ 之间，如图 0-4 所示．

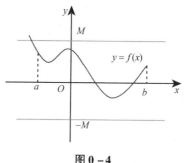

图 0-4

注：

(1) 当一个函数 $y=f(x)$ 在 D 上有界时，正数 M 的取法是不唯一的．如 $f(x)=\sin x$ 在 $(-\infty,+\infty)$ 内是有界的，$|\sin x|\leqslant 1$，但我们也可以取 $M=2$，即 $|\sin x|<2$．事实上，M 可以取大于等于 1 的一切实数．

(2) 有界性依赖于区间．如函数 $f(x)=\dfrac{1}{x}$ 在区间 $(1,2)$ 内是有界的，而在开区间 $(0,1)$ 内是无上界的．

【基础练习 0-1】

1. 已知 $f(x) = \begin{cases} x+3, & x < 2, \\ 2^x - 3, & x \geq 2. \end{cases}$ 求函数的定义域和 $f(1), f(2), f(4) - f(0)$.

2. 求下列函数的定义域：

   (1) $y = \dfrac{x}{x^2 - 1}$；　　　(2) $y = \ln(1-x)$；　　　(3) $y = \arcsin \dfrac{2-x}{3}$.

3. 指出下列函数的复合过程：

   (1) $y = \sqrt{x+2}$；　　　(2) $y = \cos^2(2x+1)$；　　　(3) $y = \sin x^2$；

   (4) $y = \ln(\tan 2x)$；　　(5) $y = e^{\arcsin \frac{1}{x}}$；　　(6) $y = \operatorname{arccot} \dfrac{1}{\sqrt{1+x}}$.

【应用练习 0-1】

1. **【快递邮费】** 某快递公司规定：寄送到某地的物件，当物件不超过 20 千克时，按基本邮费每千克 3 元计算；当超过 20 千克时，超过部分按每千克 4.5 元计算．试求寄送到该地的物件的邮费 y（元）与物件重量 x（千克）之间的函数关系．

2. **【乘坐出租车收费问题】** 某城市出租汽车收费情况如下：起价 10 元（4 千米以内），行程不足 15 千米，大于等于 4 千米部分，每公里车费 1.6 元；行程大于等于 15 千米部分，每公里车费 2.4 元，计价器每 0.5 千米计一次价．建立车费与行程的函数关系式．若分别行驶 12 千米和 23.7 千米，分别应付多少车费？

3. **【租车费用】** A 汽车租赁公司的某款汽车每天租金为 200 元，每千米附加费为 1.2 元．B 汽车租赁公司提供的同款汽车每天租金为 250 元，每千米附加费为 0.8 元，问：(1) 分别写出两家公司出租一天这款汽车的费用与行驶里程的函数关系；(2) 在同一坐标系上画出这两个函数的图像；(3) 租哪一家公司的车比较合算？

4. **【人民币和美元兑换】** 小林住在美国，有一次她想去加拿大旅游，就把人民币兑换成了加元，币面数值增加了 12%．后来因故未去成，于是她又把加元兑换成美元，这时币面数值减少了 12%．问：小林亏了还是赚了？亏或赚了多少？

5. **【公寓出租的最大利润】** 某房地产公司有 50 套公寓要出租．当租金定为每月 500 元时，公寓会全部租出去；当月租金增加 20 元时，就有一套公寓租不出去，而租出去的房子每月要花费 60 元的维护费．试问：房租定为多少可获最大收入？

6. **【贷款和分期付款】** 叶同学了解到：某数码城对笔记本电脑进行分期付款销售．每台售价为 4 000 元的笔记本电脑，如果分 36 个月付款，每月只需付 150 元．同时来自银行的贷款信息为：5 000 元以下的贷款，在 3 年内还清，年利率为 15%．那么，他应该向银行贷款还是分期付款来购得这种笔记本电脑？

【数学文化聚焦】数学模型与求解实际问题的描述

数学家在数学建模的第一阶段并没有起到明显的作用，起作用的通常是研究这类问题的科学家、工程师、医生，甚至是企业家，正是这些人认识到了问题的重要性和与数学方法的可结合性，近年来，数学的应用已引起广泛的注意，因此，往往在提出系统的理论以前，有关数据的收集，经验性的结论已完成，所缺少的是数学家的介入．一旦有数学家介入，问题将会发生质的变化．

第二阶段是整个建模过程中最困难又最关键的部分．它最富有创造性，由具有数学知识的科学家参与，或由数学家与科学家共同参与，模型的建立由仔细地理解问题，区分主次和选取合适的数学结构所组成．模型有两个方面：一方面是数学结构；另一方面是实际概念与数学结构间的对应．基于对同一问题的观察和研究提出的数学模型可能有几种不同的数学结构．不同的数学结构可能反映问题的不同侧面，例如，光的物理模型有两个：一个是波动说；一个是粒子说，它们都是有用的．

第三个阶段是求解数学问题．这个阶段的研究在表面上与纯数学的研究没有区别，只是动机不同而已，然而，数学问题与实际问题有密切的联系，这是很重要的一点．

第四阶段是计算．为了加深对原问题的理解，计算是必不可少的，但是，由于实际问题的复杂性，大部分的计算结果不能借助手工来完成，因此算法的研究以及计算机的使用是必须的．

第五阶段是依照原问题去解释和评价所得结果．这时可能出现各种情况，我们需要针对不同的情况作出详细分析，而分析的结论则能推动我们去进一步完善模型．

理论模块

微积分

应用一　　常见经济函数

经济分析中，常常要用数学方法来分析经济变量间的关系，即先建立变量间的函数关系，然后用微积分等知识分析这些经济函数的特性．本节我们将学习一些常见的经济函数，初步学习市场规律的分析和计算方法．

● 问题 1.1.1　需求、价格、供给之间的关系

某种商品的市场饱和需求量为 200 套，当价格每上升 1（百元）时，市场需求量将减少 5 套，投放量将增加 10 套．另外，从企业角度考虑，需生产 100 套供应外地市场．你能求出市场需求量和价格、企业供给量与价格之间的关系吗？

常用经济函数

分析：市场需求量与企业供给量随价格变化的规律可以帮助我们及时把握市场动态，以便作出相应合理的决策．

相关知识：需求量与需求函数；供给量与供给函数

需求量是指在特定时间内消费者打算并能够购买的某种商品的数量，用 Q 表示．影响需求的因素很多，主要有商品的价格 p．通常，降低商品价格会使需求量增加，而提高商品价格会使需求量减少．如果不考虑其他因素的影响，需求量 Q 可以看作价格 p 的一元函数，称为需求函数，记为

$$Q = Q(p)$$

一般来说，需求函数为价格 p 的单调减少函数．

根据市场统计资料，常见的需求函数有以下几种类型：

(1) 线性需求函数 $Q = a - bp(a > 0, b > 0)$；

(2) 二次需求函数 $Q = a - bp - cp^2(a > 0, b > 0, c > 0)$；

(3) 指数需求函数 $Q = ae^{-bp}(a > 0, b > 0)$.

需求函数 $Q = Q(p)$ 的反函数,就是价格函数,记作 $P = P(q)$,也反映商品的需求与价格的关系.

供给量是指在特定时间内,厂商愿意并且能够出售的某种商品的数量,用 S 表示. 影响供给的主要因素也是商品的价格 p,价格上涨将刺激生产者向市场提供更多的产品,使供给量增加;反之,价格下降将使供给量减少. 供给量 S 也可看成商品价格 p 的一元函数,称为供给函数. 记为

$$S = S(p)$$

供给函数为价格 p 的单调增加函数.

常见的供给函数有线性函数、二次函数、幂函数、指数函数等. 其中,线性供给函数为

$$S = -c + dp \quad (c > 0, d > 0)$$

问题 1.1.1 解答

设市场商品价格为 p(百元/套),市场需求量为 Q(套),企业供给量为 S(套),由题意可得

需求量与价格之间的关系为:$Q = 200 - 5p, 0 < p < 40$. 当 $p \geq \dfrac{200}{5} = 40$ 时,市场上已无人购买.

企业供给量与价格之间的关系为:$S = 10p - 100, p > 10$. 当 $p \leq \dfrac{100}{10} = 10$ 时,企业已不投放产品至本地市场.

● **问题 1.1.2 供求平衡与价格**

已知某商品的需求函数和供给函数分别为 $Q = 14.5 - 1.5p$,$S = -7.5 + 4p$. 试问:供求平衡时的价格(均衡价格)与供需量(均衡数量)分别是多少?

分析:均衡能够描述经济量变动的方向,它作为引导经济变量力图达到的阶段性"理想"状态的依托,对经济分析具有重要的意义.

相关知识:供求平衡与均衡价格

在一定价格或交换比例下,一种商品的供应速度(或量)与销售速度(或量)相等,就是供求平衡. 也就是说当 $Q = S$ 时,市场处于平衡状态. 若把需求曲线和供给曲线(供给函数的图形)画在同一坐标系中(见图 1-1-1),则由于需求函数 Q 是单调减少函数,供给函数 S 是增加函数,它们将相交于一点 (P_0, Q_0),这里的 P_0 就是供、需平衡的价

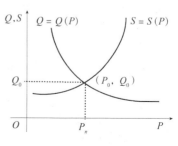

图 1-1-1

格,称为均衡价格;Q_0就是均衡数量.

当供应速度大于销售速度(供过于求)时,这种商品就要积累,就要过剩,逼迫价格下降,使原来买不起的人也买得起,这样销售速度就要增大,又可以达到新的平衡.当供应速度小于销售速度(供不应求)时,就是抢购现象,商品的价格就要提高,以使原来买得起的人中有一些人买不起,这样销售速度就要减慢,又会达到新的平衡,真正的供求平衡是很少存在的,多数都是基本平衡,而且均衡并非总是静止不变的.

问题1.1.2 解答

由供需均衡条件 $Q = S$,可得 $14.5 - 1.5p = -7.5 + 4p$,因此,均衡价格为 $p_0 = 4$.将均衡价格代入求得均衡数量为 $Q_0 = 8.5$.

●**问题1.1.3 寻找麦奇音响的盈亏平衡点**

麦奇音响公司专业生产汽车高档音响设备,在市场上的需求函数为 $Q = 1\,200 - 5p$ (单位: Q——套; p——元),公司的固定成本是14 000元,每生产1套产品,需要增加80元的成本,该公司的最大生产能力是600套,请问:该公司盈亏平衡点是多少?此时价格为多少?公司的盈亏情况如何?

分析:从经济学角度来看,"盈亏平衡"就是总成本与收益大致相等,所以盈亏平衡点就是"成本=收益"时的产量,因此,本问题可以转化为求成本与收益所涉及的利润问题,当我们认识了成本、收益和利润的相关知识时,就能很好地理解类似的问题.

相关知识:总成本函数;收入函数;利润函数

在生产和产品的经营活动中,人们总希望尽可能降低成本而提高收入和利润.成本、收入和利润这些经济变量都与产品的产量或销售量 q 密切相关,它们都可以看作 q 的函数,分别称为总成本函数,记为 $C(q)$;收入函数,记为 $R(q)$;利润函数,记为 $L(q)$.

总成本由固定成本 C_1 和可变成本 $C_2(q)$ 两部分组成.固定成本与产量 q 无关,如设备维修费、企业管理费等;可变成本随产量 q 的增加而增加,如原材料费、劳力费等.即

$$C(q) = C_1 + C_2(q)$$

总成本函数 $C(q)$ 是 q 的单调增加函数.最典型的成本函数是三次函数

$$C = a_0 + a_1 q - a_2 q^2 + a_3 q^3 \quad (a_i > 0, i = 0,1,2,3)$$

但有时为了使问题简化,也常常采用线性成本函数 $C = a + bq (a > 0, b > 0)$ 及二次成本函数.

只给出总成本不能说明企业生产的好坏,为了评价企业的生产状况,需要计算

产品的平均成本,即生产 q 件产品时,单位产品成本平均值,记作 $\bar{C}$,则

$$\bar{C} = \frac{C(q)}{q} = \frac{C_1}{q} + \frac{C_2(q)}{q}$$

其中 $\frac{C_2(q)}{q}$ 称为平均可变成本. 如果产品的单位售价为 p,销售量为 q,则收入函数为

$$R(q) = pq$$

利润等于总收入与总成本的差,于是总利润函数为 $L(q) = R(q) - C(q)$.

一般情况下,收入随着销售量的增加而增加,而利润并不总是随着销售量的增加而增加的.

生产某种产品的总成本总是产量 q 的增加函数. 但是,对产品的需求量 q,由于受到价格及社会诸多因素的影响,往往不总是增加的. 也就是说,对某种商品而言,销售的总收入 $R(q)$,有时增长显著,有时增长缓慢,可能达到顶点,继续销售,利润反而下降. 因此,利润函数 $L(q)$ 出现了三种情形:

(1) $L(q) = R(q) - C(q) > 0$,此时称为有盈余生产,即生产处于有利润状态;

(2) $L(q) = R(q) - C(q) < 0$,此时称为亏损生产,即生产处于亏损状态,利润为负;

(3) $L(q) = R(q) - C(q) = 0$,此时称为无盈亏生产,即盈亏平衡,我们把无盈亏生产时的产量记为 q_0,称为盈亏平衡点. 盈亏平衡分析常用于企业(经营)管理和经济学中各种定价和生产决算.

问题 1.1.3 解答

盈亏平衡点就是方程 $L(q) = R(q) - C(q) = 0$ 的解.

由麦奇音响的"需求函数为 $Q = 1\,200 - 5p$",可知此商品的价格函数为 $p = 240 - 0.2q$,由此可确定收入函数

$$R(q) = pq = (240 - 0.2q)q = 240q - 0.2q^2$$

成本函数 $\quad C(q) = 14\,000 + 80q$

利润函数

$$L(q) = R(q) - C(q) = -0.2q^2 + 160q - 14\,000 = -0.2(q - 700)(q - 100)$$

令 $L(q) = 0$,得盈亏平衡点 $q = 100$($q = 700$ 舍去),此时价格 $p = 220$.

当 $100 < q < 600$ 时,$L(q) > 0$,此时盈利;当 $q < 100$ 时,$L(q) < 0$,此时亏损;当 $q = -\dfrac{160}{2 \times (-0.2)} = 400$ 时,利润最大为 $L(400) = 1\,800$.

● **问题 1.1.4 库存函数**

某工厂生产某型号车床,年产量为 a 台,分若干批进行生产,每批生产准备费

为 b 元. 设产品均匀投入市场, 且上一批用完后立即生产下一批, 即平均库存量为批量的一半. 设每年每台库存费为 c 元. 显然, 生产批量大则库存费高; 生产批量少则批数增多, 因此准备费高. 为了选择最优批量, 试求出一年中库存费与生产准备费之和与批量的函数关系.

问题 1.1.4 解答

设批量为 x 台, 库存费与生产准备费之和为 $P(x)$ 元. 因年产量为 a 台, 所以每年生产的批数为 $\frac{a}{x}$ 批, 已知每批生产准备费为 b 元, 则每年生产准备费为 $b \cdot \frac{a}{x}$ 元. 因库存量为 $\frac{x}{2}$ 台, 故库存费为 $c \cdot \frac{x}{2}$ 元. 因此可得一年中库存费与生产准备费之和与批量的函数关系为 $P(x) = \frac{ab}{x} + \frac{cx}{2}$.

这个函数称为库存函数, 它是产品均匀投放市场之类问题的特定的数学模型.

推广与应用:

库存函数不仅适用于生产, 也适用于销售. 对于销售来说, a 表示年销售量, x 表示每次进货量, c 表示单位商品库存成本, $\frac{a}{x}$ 表示总共进货次数, $b \cdot \frac{a}{x}$ 表示总的进货费用, $\frac{x}{2}$ 表示每批平均库存量, $P(x)$ 则表示订购与库存总成本.

【应用练习 1-1】

1. 【需求函数】新华书店售书, 当某本图书的售价为 18 元/本时, 每天销量为 100 本, 售价每提高 0.1 元, 销量则减少 5 本. 试求图书的需求函数.

2. 【鸡蛋的供给】当鸡蛋收购价为 4.5 元/千克时, 某收购站每月能收购 5 000 千克. 若收购价每千克提高 0.1 元, 则收购量可增加 400 千克, 求鸡蛋的线性供给函数.

3. 【均衡价格】已知需求函数为 $Q = \frac{200}{3} - \frac{1}{3}p$, 供给函数 $S = -20 + 10p$, 求市场均衡价格 p_0.

4. 【成本和平均成本】已知某产品的总成本函数为 $C(q) = 100 + q + \frac{1}{100}q^2$, 求生产 300 个该产品的总成本和平均成本.

5. 【收入函数】某厂生产某种产品 1 600 吨, 定价为 150 元/吨, 销售量在不超过 800 吨时, 按原价出售, 超过 800 吨时, 超过部分按八折出售. 试求销售收入和销售量之间的函数关系.

6. 【利润函数】已知生产某种商品 q 件时的总成本为 $C(q) = 12 + 3q + q^2$ (单位: 万元), 如果该商品的销售单价为 11 万元, 试求:

（1）该商品的利润函数；
（2）生产 5 件该商品时的总利润和平均利润；
（3）生产 8 件该商品时的利润.

7. 【盈亏平衡】里昂混凝土公司是阿肯色州北部唯一供应混凝土的垄断企业，企业的混凝土需求函数为 $q = 27.5 - 0.25p$，公司的固定成本为 400，每生产 1 个单位的混凝土需增加 10 个单位的成本，该公司的最大生产能力是 18，请问：该公司盈亏平衡点处的产量是多少？价格是多少？盈亏情况如何？

8. 【库存函数】某工厂每年生产零件 6 000 件，分批生产，每批生产的准备费为 500 元．设零件均匀投放市场（即平均库存量为批量的一半），每件零件每年库存费为 40 元，试求出一年中库存费与生产准备费之和与批量的函数关系．

9. 【库存总费用】某商店半年可均匀销售 500 件商品，为节约库存费，分批进货，每批进货费用（运费、差旅费等）80 元，每件商品的库存费 0.4 元，试求出半年的总费用（库存费与进货费之和）与批量之间的函数关系．

10. 【最佳订购批量和批次】假设你几年后打算经营一家电脑销售店，每年的销量为 3 600 台．库存一台电脑的费用为 80 元．为了再订购，需付 1 000 元的固定成本以及每台电脑另加 80 元的费用，为了最小化存货成本，你的店铺每年应订购电脑几次？每次批量是多少台？

【数学文化聚焦】陈希孺院士赠言学好数学重在多做习题

学习物理、化学、生物这类实证科学，离不开实验．数学好像没有实验．其实不然，数学的实验就是习题．如果说学好数学有什么经验，那么多做习题就是最重要的一条．

数学习题大体上可分为两类：一类属于"复习"的性质，大都比较容易．其目的是帮助学习者温习教材内容（公式、定理、方法等）．中学阶段布置的作业大都属于这类；另一类我称之为"研究"型的，难度比较大．解决这类问题，除要求对教材内容有切实的掌握外，还要求能灵活运用，甚至有别出心裁的想法．这类题在参考书中较多．二者不能偏废，或更确切地说，第一类题是一个初级阶段，不能跨越，但不能止于此．要学好数学，必须经历大量的第二类习题的训练，才能收到登堂入室的功效．有的学生不理解这一层意思，觉得花那么多时间去想一些较难的题，是否有用和值得，有的有畏难情绪，这属于意志问题．人容易产生惰性，它使人倾向于避难就易．不克服这种惰性，事业难望有成．不论学习什么，入门容易，精通很难，好比切菜，人人都会，但要练出一手好的刀工，则非有多年的努力不可．

我国老一辈的数学大师都非常重视这方面的训练，他们深厚的学术根底与杰出的科研成就，得益于在这方面所下的功夫．现任复旦大学名誉校长的苏步青院士有一个故事：抗战时他在重庆，敌机常来轰炸，为了避免躲防空洞浪费时间，就利用这时间做习题．几年下来，做了上万道题．华罗庚院士也是靠自学才成为一代宗师的．他早年学习数学时，不是把一本书的定理公式都看懂了就算完事，而是要自己亲自"做"一遍．他常说：人家在没有这个定理时还能发现它，现在如果已摆在面前，你还做不出，那岂不是愧对前人，又怎能谈到超越前人，有所创新呢？这就是多做习题对学好数学的重要性．

我个人也有一点经验和教训．在中学时代，课程不重，我生性又偏好逻辑思维方面的东西，因此课余的大量时间都花在阅读数学方面的参考书上（尤其是其中有大量较难的习题）．我也做过大量的题，这使我获益匪浅．因此我的数学成绩在中学时代一直名列前茅．上大学后，我这方面的努力放松了，我把时间主要花在读书上，觉得读书能增长新知识，就这样，中学时代好做习题的习惯丢掉了不少．大学毕业工作后，逐渐显示了自己由于大学阶段忽视做习题而带来的后果．表现在碰到问题时办法少，克服难点的能力弱．这其中的根源，就在于因少做习题而使所学的东西流于表面，未能融会贯通，不能为己所用．意识到这一点以后，我进行了一些"补课"：选择几本权威著作，把其中的习题做一遍，共写了十多个本子，这些本子至今还留着，有的还曾出版．后来我在学习的理论研究领域里能取得一些微小的成绩，部分与此有关．

做习题是一件费时和费脑力的事，不易坚持．首先要解决两个问题：一是有足够的时间，这需要养成爱惜光阴的习惯，不把时间浪费在一些无益的事情上；二是不断增进对这个问题的认识，把做习题由一种负担转变为一种乐趣．正如古人所说：知之者不如好之者，好之者不如乐之者．当然，这个境界的达到，也是从实际的努力中得来的．

另外，做习题和阅读参考书，二者不可偏废．实际上，大多数好的习题多来自各种参考书．好的参考书对教材中因时间关系没有讲透的方法，通过例子加以介绍，很有启发性，多读这类好书，对提高自己解题的能力大有帮助．

应用二 经济活动中的预测——极限与连续

任何事物都在变化，其变化趋势如何是很值得我们关心的重要问题．为了掌握变量的变化规律，往往需要从它的变化过程中来判断它的变化趋势，这就需要引入极限概念．极限是微积分中的基础概念，它指的是变量在一定的变化过程中，从总的来说逐渐稳定的一种变化趋势以及所趋向的数值．微积分中几乎所有基本概念都建立在极限概念的基础之上．

● **问题 1.2.1 价格预测——市场动态平衡价格**

设某商品的市场价格 $p = p(t)$ 随时间 t 变动，其需求函数为 $Q_d = b - ap$ ($a, b > 0$)，供给函数为 $Q_s = -d + cp$ ($c, d > 0$)，又设价格 p 随时间 t 的变化率与超额需求 ($Q_d - Q_s$) 成正比，则价格与时间的函数关系为 $p(t) = \dfrac{b+d}{a+c} + Ae^{-k(a+c)t}$，试对该商品的长期价格作出预测．

分析："长期"没有涉及具体数值，表示时间 t 趋于很大很大的数，这种"无限趋向"的运算在数学里就是极限的运算．

相关知识：极限的概念与运算

1. 数列的极限

考查以下三个数列：

(1) $\left\{\dfrac{1}{n}\right\}$，即数列 $1, \dfrac{1}{2}, \dfrac{1}{3}, \dfrac{1}{4}, \cdots, \dfrac{1}{n}, \cdots$；

(2) $\left\{1 + \dfrac{1}{2^n}\right\}$，即数列 $1 + \dfrac{1}{2}, 1 + \dfrac{1}{4}, 1 + \dfrac{1}{8}, \cdots, 1 + \dfrac{1}{2^n}, \cdots$；

(3) $\{(-1)^n n\}$，即数列 $-1, 2, -3, 4, \cdots, (-1)^n n, \cdots$.

数列的极限

当 n 无限增大（即 $n \to \infty$）时，数列 $\left\{\dfrac{1}{n}\right\}$ 无限接近于 0；第二个数列无限接近于确定的常数 1；数列 $\{(-1)^n n\}$ 不接近于任何确定常数．

一般地，有如下定义：

定义 1.2.1 对于数列 $\{x_n\}$，如果当 n 无限增大时，数列的一般项 x_n 无限地接近于某一确定的常数 A，则称常数 A 是数列 $\{x_n\}$ 的极限，或称数列 $\{x_n\}$ 收敛于 A. 记为 $\lim\limits_{n \to \infty} x_n = A$ 或 $x_n \to A (n \to \infty)$.

如果数列没有极限，就说数列是发散的．

例如以上两个数列的极限可以分别记为 $\lim\limits_{n \to \infty} \dfrac{1}{n} = 0$ 和 $\lim\limits_{n \to \infty} \left(1 + \dfrac{1}{2^n}\right) = 1$ 或者说

数列 $\left\{\dfrac{1}{n}\right\}$ 收敛于 0、数列 $\left\{1+\dfrac{1}{2^n}\right\}$ 收敛于 1. 数列 $\{(-1)^n n\}$ 没有极限,就说数列 $\{(-1)^n n\}$ 是发散的.

2. 函数的极限

对于函数 $f(x)$,自变量 x 的变化趋势有以下六种情形:

(1) 当 $x>0$ 且无限增大时,记为 $x\to +\infty$;

(2) 当 $x<0$ 且 x 的绝对值无限增大时,记为 $x\to -\infty$;

(3) 当 x 的绝对值无限增大时,记为 $x\to \infty$;

(4) 当 x 从 x_0 的右侧趋近于 x_0 时,记为 $x\to x_0^+$;

(5) 当 x 从 x_0 的左侧趋近于 x_0 时,记为 $x\to x_0^-$;

(6) 当 x 趋近于 x_0 时,记为 $x\to x_0$.

函数的极限

类似于数列的极限的定义,给出函数极限的定义.

定义 1.2.2 设函数 $y=f(x)$,如果当自变量 x 具有某种变化趋势 ($x\to \square$) 时,函数 $f(x)$ 趋于一个常数 A,则称当 x 具有某种变化趋势(即 $x\to \square$)时,函数以 A 为 $f(x)$ 极限. 记作

$$\lim_{x\to \square} f(x) = A \text{ 或 } f(x)\to A (x\to \square)$$

否则,称当 x 具有某种变化趋势(即 $x\to \square$)时,函数的极限不存在.

根据基本初等函数图像观察可得,$\lim\limits_{x\to +\infty} e^x$ 不存在;$\lim\limits_{x\to -\infty}\sin x$ 不存在;$\lim\limits_{x\to 0}\dfrac{1}{x}$ 不存在;$\lim\limits_{x\to \frac{\pi}{2}^+}\cos x = 0$;$\lim\limits_{x\to 0^-}\dfrac{1}{x}$ 不存在;$\lim\limits_{x\to 0} e^x = 1$.

定理 1.2.1 $\lim\limits_{x\to \infty} f(x) = A$ 的充要条件是 $\lim\limits_{x\to +\infty} f(x) = \lim\limits_{x\to -\infty} f(x) = A$.

例如,$\lim\limits_{x\to -\infty}\dfrac{1}{x} = 0$,$\lim\limits_{x\to +\infty}\dfrac{1}{x} = 0$,则 $\lim\limits_{x\to \infty}\dfrac{1}{x} = 0$.

定理 1.2.2 $\lim\limits_{x\to x_0} f(x) = A \Leftrightarrow \lim\limits_{x\to x_0^+} f(x) = \lim\limits_{x\to x_0^-} f(x) = A$.

例如,$\lim\limits_{x\to 0^+} e^x = 1$,$\lim\limits_{x\to 0^-} e^x = 1$,则 $\lim\limits_{x\to 0} e^x = 1$.

定义 1.2.3 若函数 $y=f(x)$ 在自变量 x 的某个变化过程中以零为极限,则称在该变化过程中,$f(x)$ 为无穷小量,简称无穷小.

例如,$\lim\limits_{x\to \infty}\dfrac{1}{x^2} = 0$,则当 $x\to \infty$ 时,$\dfrac{1}{x^2}$ 是一个无穷小量.

无穷小量与无穷大量

定义 1.2.4 如果在自变量 x 的某个变化过程中,对应的函数值的绝对值 $|f(x)|$ 无限增大,就称函数 $f(x)$ 为在自变量 x 的这个变化过程中的无穷大量,简称无穷大. 记为 $\lim f(x) = \infty$.

例如,当 $x\to \infty$ 时,x^2 无限增大,称为无穷大量,记为 $\lim\limits_{x\to \infty} x^2 = \infty$.

注:(1) 有限个无穷小的代数和仍为无穷小.

(2) 有界函数乘无穷小仍为无穷小.

例 求 $\lim\limits_{x\to 0} x\sin\dfrac{1}{x}$.

解 因为 $\left|\sin\dfrac{1}{x}\right| \leq 1$，所以 $\sin\dfrac{1}{x}$ 是有界函数.

又因为当 $x\to 0$ 时，x 是无穷小量，由性质 2 知，乘积 $x\sin\dfrac{1}{x}$ 是无穷小量，即

$$\lim\limits_{x\to 0} x\sin\dfrac{1}{x} = 0$$

(3) $f(x)$ 是否为无穷小量或无穷大量依赖于自变量的变化过程，如 $y = \dfrac{1}{x}$，当 $x\to 0$ 时为无穷大量；但是当 $x\to\infty$ 时，其极限为 0，此时，它是无穷小量.

(4) 在自变量的同一变化过程中：若 $f(x)$ 是无穷大量，则 $\dfrac{1}{f(x)}$ 为无穷小量；若 $f(x)$ 是无穷小量，且 $f(x) \neq 0$，则 $\dfrac{1}{f(x)}$ 为无穷大量.

例 求 $\lim\limits_{x\to 0^+} 2^{-\frac{1}{x}}$.

解 因为 $\lim\limits_{x\to 0^+}\dfrac{1}{x} = +\infty$，$\lim\limits_{x\to 0^+} 2^{\frac{1}{x}} = +\infty$，而 $2^{-\frac{1}{x}} = \dfrac{1}{2^{\frac{1}{x}}}$.

由无穷大量与无穷小量的关系知，$\lim\limits_{x\to 0^+} 2^{-\frac{1}{x}} = 0$.

常见函数的极限：

(1) $\lim\limits_{x\to\infty} x^n = \infty\ (n > 0)$；

(2) $\lim\limits_{x\to +\infty} a^x = +\infty$，$\lim\limits_{x\to -\infty} a^x = 0\ (a > 1)$，

$\lim\limits_{x\to +\infty} a^x = 0$，$\lim\limits_{x\to -\infty} a^x = +\infty\ (0 < a < 1)$；

(3) $\lim\limits_{x\to +\infty}\ln x = +\infty$，$\lim\limits_{x\to 0^+}\ln x = -\infty$，$\lim\limits_{x\to 1}\ln x = 0$；

(4) $\lim\limits_{x\to\infty}\sin x$ 不存在，$\lim\limits_{x\to\infty}\cos x$ 不存在；

(5) $\lim\limits_{x\to +\infty}\arctan x = \dfrac{\pi}{2}$，$\lim\limits_{x\to -\infty}\arctan x = -\dfrac{\pi}{2}$，$\lim\limits_{x\to -\infty}\text{arccot}\, x = \pi$，$\lim\limits_{x\to +\infty}\text{arccot}\, x = 0$.

3. 极限的运算

极限的四则运算法则：

若 $\lim u(x) = A$，$\lim v(x) = B$，则

(1) $\lim[u(x) \pm v(x)] = \lim u(x) \pm \lim v(x) = A \pm B$；

(2) $\lim[u(x) \cdot v(x)] = \lim u(x) \cdot \lim v(x) = A \cdot B$；

特别地，有 $\lim[c \cdot u(x)] = c \cdot \lim u(x) = cA$，$c$ 为常数；

$\lim[u(x)]^n = [\lim u(x)]^n = A^n$，$n$ 为正整数.

极限的四则运算法则

(3) $\lim \dfrac{u(x)}{v(x)} = \dfrac{\lim u(x)}{\lim v(x)} = \dfrac{A}{B}$ ($B \neq 0$).

常用极限公式：

(1) $\lim C = C$（C 为常数）；

(2) $\lim\limits_{n \to \infty} \dfrac{1}{n} = 0$；

(3) $\lim\limits_{x \to 0} \dfrac{\sin x}{x} = 1$（第一重要极限），一般表现形式为
$\lim\limits_{f(x) \to 0} \dfrac{\sin f(x)}{f(x)} = 1$；

第一个重要极限

(4) $\lim\limits_{x \to \infty} \left(1 + \dfrac{1}{x}\right)^x = e$（第二重要极限），一般表现形式为
$\lim\limits_{f(x) \to \infty} \left[1 + \dfrac{1}{f(x)}\right]^{f(x)} = e.$

变式：$\lim\limits_{x \to \infty} \left(1 + \dfrac{a}{x}\right)^{bx+c} = e^{ab}$ 和 $\lim\limits_{x \to 0} (1 + ax)^{\frac{b}{x}+c} = e^{ab}$.

第二个重要极限

问题 1.2.1 解答

"长期"可以考虑成时间 t 趋于很大很大的数，即 $t \to +\infty$. 要对商品的长期价格作出预测，就是要知道当 $t \to +\infty$ 时 $p(t)$ 的变化趋势即 $p(t)$ 的极限值. 所以该商品的长期价格为当 $t \to +\infty$ 时的价格.

$$\lim_{t \to +\infty} p(t) = \lim_{t \to +\infty} \left[\dfrac{b+d}{a+c} + A e^{-k(a+c)t}\right] = \dfrac{b+d}{a+c}$$

这里的 $\dfrac{b+d}{a+c}$ 为市场均衡价格，即当 $t \to +\infty$ 时，价格逐步趋向于均衡价格.

● **问题 1.2.2 存款利息问题**

有一笔存款的本金为 A_0，年利率为 r，分别计算 k 年后该存款的本利和 A_k 为多少.

(1) 单利计算；

(2) 一年计一次利息的复利计算；

(3) 一年分 n 期计息的复利计算；

(4) 连续复利计息.

问题 1.2.2 解答

(1) 单利计息.

满 1 年时的本利和为 $A_1 = A_0 + A_0 r = A_0(1 + r)$，

满 2 年时的本利和为 $A_2 = A_1 + A_0 r = A_0(1 + r) + A_0 r = A_0(1 + 2r)$，

可推知，k 年后该存款的本利和为 $A_k = A_0(1 + kr)$.

（2）复利计息．复利计息就是将前一个利息和本金之和作为第二期的本金，依次反复计算，就是利滚利．

1 年后的本利和为 $A_1 = A_0 + A_0 r = A_0(1+r)$，

2 年后的本利和为 $A_2 = A_1 + A_1 r = A_1(1+r) = A_0(1+r)^2$，

……

k 年后该存款的本利和为 $A_k = A_0(1+r)^k$．

（3）若一年分 n 期计息，即一年中结算 n 次，年利率仍为 r，则每期利率为 $\dfrac{r}{n}$，于是

1 年后的本利和为 $A_1 = A_0\left(1+\dfrac{r}{n}\right)^n$，

2 年后的本利和为 $A_2 = A_0\left(1+\dfrac{r}{n}\right)^{2n}$，

……

k 年后该存款的本利和为 $A_k = A_0\left(1+\dfrac{r}{n}\right)^{kn}$．

（4）连续复利就是计息期数无限大，即结算次数无限增大，也就是立即变现，则 k 年后该存款的本利和为 $A_k = \lim\limits_{n\to\infty} A_0\left(1+\dfrac{r}{n}\right)^{nk} = A_0 e^{rk}$．

在上述问题中，相同的利率（称为名义利率），由于复利种类不同，产生不同的利息，即产生不同的实际利率（也称为有效收益率），用 r_l 表示．

设存期为 k 年，年名义复利率为 r，每年结算 n 次，相应的实际年复利率为 r_e，则

$$A_0(1+r_e)^k = A_0\left(1+\dfrac{r}{n}\right)^{kn}$$

$$1+r_e = \left(1+\dfrac{r}{n}\right)^n$$

$$r_e = \left(1+\dfrac{r}{n}\right)^n - 1$$

若以相同的年名义利率计算连续复利，则

$$A_0(1+r_e)^k = A_0 e^{rk}$$

$$r_e = e^r - 1$$

例如，设投资 1 000 元，年利率为 6%，若半年复利一次，则实际年利率为 $r_e = \left(1+\dfrac{0.06}{2}\right)^2 - 1 = 0.060\,9 = 6.09\%$；若计算连续复利，实际年利率为 $r_e = e^{0.06} - 1 \approx 0.061\,8 = 6.18\%$．

●问题 1.2.3 教育投资应投多少？

假定你为了孩子的教育，打算在一家投资担保证券公司（GIC）投入一笔资金．你需要这笔投资 10 年后价值为 12 000 美元．如果 GIC 以年利率 9%、每年支付复利 4 次的方式付息，你应该投资多少美元？如果复利是连续的，应投资多少美元？

相关知识：贴现

以 A_0 元存入银行，年复利率为 r，k 年后变为 $A_k = A_0(1+r)^k$ 元．称 $A_k = A_0(1+r)^k$ 为本金 A_0 的终值；反之，若要 k 年后有 A_k 元，现在只需存入银行 $A_0 = A_k(1+r)^{-k}$ 元，即 k 年后的 A_k 元只相当于现在的 $A_0 = A_k(1+r)^{-k}$ 元，称 $A_0 = A_k(1+r)^{-k}$ 为 k 年后资金 A_k 的现值，此时，r 也称为贴现率．

例如，你现在有 1 元钱（现值），银行的年利率是 3%，那么你存入银行后一年可得 $1 \times (1+3\%) = 1.03$ 元（终值）；如果在同等情况下，你想一年后的收入为 1 元，则现在要存入 $\dfrac{1}{1.03} = 0.97$ 元，0.97 元就是现值，一年后的 1 元就是终值，3% 就是贴现率．

若一年计算复利 n 次，则本金 A_0 在 k 年后的终值为 $A_0\left(1+\dfrac{r}{n}\right)^{kn}$；$k$ 年后的资金 A 的现值为 $A\left(1+\dfrac{r}{n}\right)^{-kn}$．

若计算连续复利，则本金 A_0 在 k 年后的终值为 $A_0 e^{rk}$；k 年后的资金 A 的现值为 $A e^{-rk}$．

问题 1.2.3 解答

若每年复利 4 次，则 10 年后 12 000 美元的现值为

$$P = 12\,000\left(1+\dfrac{0.09}{4}\right)^{-40} \approx 4\,927.75(\text{美元})$$

如果是连续复利，则 10 年后 12 000 美元的现值为

$$P = 12\,000 e^{-10 \times 0.09} = 12\,000 e^{-0.9} \approx 4\,878.84(\text{美元})$$

在两种复利方式下，分别应投资 4 927.75 美元和 4 878.84 美元．

●问题 1.2.4 是否值得投资？

设一笔 10 000 元投资可以用 3 年，第 1 年提供的收益为 5 000 元，第 2 年提供的收益为 4 000 元，第 3 年提供的收益为 2 000 元．

（1）如果年利率为 6%，则这笔投资所提供的未来三年中收益的现值是多少？是否值得投资？

（2）如果年利率为4%，则这笔投资所提供的未来三年中收益的现值是多少？是否值得投资？

分析：这里是否值得投资需要看净现值（收益现值－投资成本）．厂商进行某项投资的净现值代表了该项投资对厂商价值或股东财富的贡献．净现值是否为正值成为投资决策规则，即净现值大于零则值得投资；净现值小于零则不值得投资．

问题1.2.4 解答

（1）投资 $A_0 = 10\,000$，年利率为 $r = 0.06$，则

第1年提供的收益为 $A_1 = 5\,000$ 元折算成的现值为

$$A_1 = A_1 (1+r)^{-1} = 5\,000(1+0.06)^{-1} = 4\,717(元)$$

第2年提供的收益为 $A_2 = 4\,000$ 元折算成的现值为

$$A_2 = A_2 (1+r)^{-2} = 4\,000(1+0.06)^{-2} = 3\,560(元)$$

第3年提供的收益为 $A_3 = 2\,000$ 元折算成的现值为

$$A_3 = A_3 (1+r)^{-3} = 2\,000(1+0.06)^{-3} = 1\,679(元)$$

则这笔投资所提供的未来三年总收益的现值为 $A_0 = A_1 + A_2 + A_3 = 9\,956$ 元．

这时，净现值＝收益总现值－投资成本＝9 956－10 000＝－46(元)＜0，不值得投资．也就是说，这10 000元投资带来的三年总收益折算成的现值只有9 956元，低于原来的投资价值，即当初只需投资9 956元就可以获得同样多的收益，所以这个投资是不值得的．

（2）若投资 $A_0 = 10\,000$，年利率为 $r = 0.04$，则未来三年提供的收益的现值分别为

$$A_1 = 5\,000(1+0.04)^{-1} = 4\,808(元)$$

$$A_2 = 4\,000(1+0.04)^{-2} = 3\,698(元)$$

$$A_3 = 2\,000(1+0.04)^{-3} = 1\,778(元)$$

则这笔投资所提供的未来三年总收益的现值为 $A_0 = A_1 + A_2 + A_3 = 10\,284$ (元)．这时，净现值＝收益总现值－投资成本＝10 284－10 000＝284(元)＞0，值得投资．也就是说，这10 000元投资带来的三年总收益折算成的现值有10 284元，高于原来的投资价值，所以这个投资是值得的．

知识拓展

1. 常见极限类型及解法

（1）$\dfrac{A}{B}(B \neq 0)$ 型．

方法：直接代入法．

例1 $\lim\limits_{x \to -1} \dfrac{5x^2 - 4x + 1}{x - 1} = \dfrac{5 \times (-1)^2 - 4 \times (-1) + 1}{-1 - 1} = -5$．

例2 $\lim\limits_{x\to 1}\dfrac{x^2-3x+2}{4x-3} = \dfrac{\lim\limits_{x\to 1}(x^2-3x+2)}{\lim\limits_{x\to 1}(4x-3)} = \dfrac{0}{4-3} = 0$.

(2) $\dfrac{A}{0}$ 型.

方法：倒数法.

例 $\lim\limits_{x\to 1}\dfrac{4x-3}{x^2-3x+2} = \dfrac{1}{\lim\limits_{x\to 1}\dfrac{x^2-3x+2}{4x-3}} \xlongequal{\frac{1}{\text{无穷小}}} \infty$.

(3) $\dfrac{0}{0}$ 型.

方法一：约去零因子法.

例1 $\lim\limits_{x\to 4}\dfrac{(x-4)^2}{x^2-16} \xlongequal{\frac{0}{0}} \lim\limits_{x\to 4}\dfrac{(x-4)^2}{(x+4)(x-4)} = \lim\limits_{x\to 4}\dfrac{x-4}{x+4} = 0$.

方法二：分子（或分母）有理化法.

例2 $\lim\limits_{x\to 0}\dfrac{\sqrt{1+x}-1}{x} \xlongequal{\frac{0}{0}} \lim\limits_{x\to 0}\dfrac{(\sqrt{1+x}-1)(\sqrt{1+x}+1)}{x(\sqrt{1+x}+1)} = \lim\limits_{x\to 0}\dfrac{1}{\sqrt{1+x}+1} = \dfrac{1}{2}$.

方法三：利用第一重要极限法.

例3 $\lim\limits_{x\to 0}\dfrac{\sin kx}{x} = \lim\limits_{x\to 0}\dfrac{k\sin kx}{kx} = k\cdot\lim\limits_{kx\to 0}\dfrac{\sin kx}{kx} = k\cdot 1 = k$.

例4 $\lim\limits_{x\to 0}\dfrac{1-\cos x}{x^2} = \lim\limits_{x\to 0}\dfrac{2\sin^2\dfrac{x}{2}}{x^2} = 2\lim\limits_{x\to 0}\left(\dfrac{\sin\dfrac{x}{2}}{x}\right)^2$

$= 2\left(\lim\limits_{x\to 0}\dfrac{\sin\dfrac{x}{2}}{x}\right)^2 = 2\cdot\left(\dfrac{1}{2}\right)^2 = \dfrac{1}{2}$.

例5 $\lim\limits_{x\to 0}\dfrac{\tan 3x}{\tan 2x} = \lim\limits_{x\to 0}\dfrac{\tan 3x}{3x}\cdot\dfrac{2x}{\tan 2x}\cdot\dfrac{3}{2} = \dfrac{3}{2}$.

例6 $\lim\limits_{x\to 0}\dfrac{\sin ax}{\sin bx} = \lim\limits_{x\to 0}\dfrac{\dfrac{\sin ax}{x}}{\dfrac{\sin bx}{x}} = \dfrac{\lim\limits_{x\to 0}\dfrac{\sin ax}{x}}{\lim\limits_{x\to 0}\dfrac{\sin bx}{x}} = \dfrac{a}{b}$.

在以后的学习中，例3、例6的结果可以作为公式使用，在这两个例子中，用正切函数任意替换正弦函数，结果仍成立.

例7 求下列函数的极限：

(1) $\lim\limits_{x\to 0}\left(\dfrac{\tan 3x - \sin 7x}{\tan 2x}\right)$；

(2) $\lim\limits_{x\to\infty} x\sin\dfrac{3}{x}$.

解 (1) $\lim\limits_{x\to 0}\left(\dfrac{\tan 3x - \sin 7x}{\tan 2x}\right) = \lim\limits_{x\to 0}\left(\dfrac{\tan 3x}{\tan 2x} - \dfrac{\sin 7x}{\tan 2x}\right)$

$= \lim\limits_{x\to 0}\dfrac{\tan 3x}{\tan 2x} - \lim\limits_{x\to 0}\dfrac{\sin 7x}{\tan 2x} = \dfrac{3}{2} - \dfrac{7}{2} = -2.$

(2) $\lim\limits_{x\to\infty} x\sin\dfrac{3}{x} = \lim\limits_{\frac{1}{x}\to 0}\dfrac{\sin\dfrac{3}{x}}{\dfrac{1}{x}} = 3.$

方法四：洛必达法则（将在后面讲述）.

(4) $\dfrac{\infty}{\infty}$ 型.

方法一：抓大头准则法.

利用公式

$$\lim_{x\to\infty}\dfrac{a_0 x^n + a_1 x^{n-1} + \cdots + a_n}{b_0 x^m + b_1 x^{m-1} + \cdots + b_m} = \begin{cases} 0, & n < m, \\ \dfrac{a_0}{b_0}, & n = m, \\ \infty, & n > m \end{cases}$$

例1 $\lim\limits_{x\to\infty}\dfrac{x^2 + 6x - 3}{3x^3 + 7} = 0.\ (m > n)$

例2 $\lim\limits_{x\to\infty}\dfrac{x^5 - 3x^3 - 7}{9x^3 + 3} = \infty.\ (n > m)$

例3 $\lim\limits_{x\to\infty}\dfrac{(x^2 - 17)(x + 1)}{2 - 6x^3} = -\dfrac{1}{6}.\ (n = m)$

方法二：洛必达法则（将在后面讲述）.

(5) $\infty - \infty$ 型.

方法：通分法.

例1 $\lim\limits_{x\to 3}\left(\dfrac{1}{x-3} - \dfrac{6}{x^2-9}\right) = \lim\limits_{x\to 3}\dfrac{x+3-6}{x^2-9} = \lim\limits_{x\to 3}\dfrac{1}{x+3} = \dfrac{1}{6}.$

例2 $\lim\limits_{x\to 2}\left(\dfrac{1}{x-2} - \dfrac{12}{x^3-8}\right) = \lim\limits_{x\to 2}\dfrac{x^2+2x-8}{x^3-8}$

$= \lim\limits_{x\to 2}\dfrac{(x-2)(x+4)}{(x-2)(x^2+2x+4)} = \lim\limits_{x\to 2}\dfrac{x+4}{x^2+2x+4} = \dfrac{1}{2}.$

(6) 1^∞ 型.

方法：利用第二重要极限法.

例1 $\lim\limits_{x\to\infty}\left(1 + \dfrac{4}{x}\right)^x = \lim\limits_{x\to\infty}\left(1 + \dfrac{1}{\dfrac{x}{4}}\right)^{\frac{x}{4}\times 4}$

$$= \lim_{x\to\infty}\left[\left(1+\frac{1}{\frac{x}{4}}\right)^{\frac{x}{4}}\right]^4 = \left[\lim_{\frac{x}{4}\to\infty}\left(1+\frac{1}{\frac{x}{4}}\right)^{\frac{x}{4}}\right]^4 = e^4.$$

例 2 $\lim\limits_{x\to\infty}\left(1+\dfrac{1}{5x}\right)^{4x+3} = e^{\frac{1}{5}\times 4} = e^{\frac{4}{5}}.$ $\left(\lim\limits_{x\to\infty}\left(1+\dfrac{a}{x}\right)^{bx+c} = e^{ab}\right)$

例 3 $\lim\limits_{x\to 0}(1-x)^{\frac{2}{x}+5} = e^{(-1)\times 2} = e^{-2}.$ $\left(\lim\limits_{x\to 0}(1+ax)^{\frac{b}{x}+c} = e^{ab}\right).$

2. 函数的连续性

定义 1.2.5 设函数 $y=f(x)$ 在点 x_0 的某个领域内有定义，如果当 $x\to x_0$ 时，函数 $f(x)$ 的极限存在且等于 $f(x)$ 在点 x_0 处的函数值 $f(x_0)$，即

$$\lim_{x\to x_0}f(x)=f(x_0)$$

则称函数 $y=f(x)$ 在点 x_0 连续. 否则称函数 $y=f(x)$ 在点 x_0 处间断，并称 x_0 为函数的间断点.

若 $\lim\limits_{x\to x_0^-}f(x)=f(x_0)$，则称 $y=f(x)$ 在点 x_0 处左连续；若 $\lim\limits_{x\to x_0^+}f(x)=f(x_0)$，则称 $y=f(x)$ 在点 x_0 处右连续.

总的来说，函数在点 x_0 连续的要求是：① $f(x)$ 在点 x_0 有定义；② $f(x)$ 在点 x_0 的极限 $\lim\limits_{x\to x_0}f(x)$ 存在；③ $\lim\limits_{x\to x_0}f(x)=f(x_0)$.

若函数 $y=f(x)$ 在区间 (a,b) 内每一点都连续，则称函数 $y=f(x)$ 在区间 (a,b) 内连续. 若函数 $y=f(x)$ 在区间 (a,b) 内连续，且它在左端点 a 处右连续，在右端点 b 处左连续，则称函数 $y=f(x)$ 在闭区间 $[a,b]$ 上连续. （即函数 $y=f(x)$ 在区间 $[a,b]$ 上的图像是一条连绵不断的曲线.）

基本初等函数在其定义域内连续. 初等函数在其定义区间内是连续的.

例 1 求极限 $\lim\limits_{x\to 3}\sqrt{16-x^2}$.

解 因为 $\sqrt{16-x^2}$ 是初等函数，其定义区间为 $[-4,4]$，而 $3\in[-4,4]$，所以在 $x=3$ 处连续，即 $\lim\limits_{x\to 3}\sqrt{16-x^2}=\sqrt{16-3^2}=\sqrt{7}$.

例 2 求下列函数的间断点：

(1) $f(x)=\dfrac{1}{x}$； (2) $f(x)=\begin{cases}x-1, & x<0,\\ 0, & x=0,\\ x+1, & x>0.\end{cases}$

解 (1) 因为 $f(x)=\dfrac{1}{x}$ 在 $x=0$ 处没有定义，所以点 $x=0$ 是 $f(x)=\dfrac{1}{x}$ 的间断点.

(2) 因为初等函数在其定义区间内都是连续的，所以当 $x<0$ 时，函数 $f(x)=x-1$ 是连续的；当 $x>0$ 时，函数 $f(x)=x+1$ 是连续的；虽然 $f(x)$ 在

$x=0$ 处有定义 $f(0)=0$,但

$$\lim_{x\to 0^-}f(x)=\lim_{x\to 0^-}(x-1)=-1,\lim_{x\to 0^+}f(x)=\lim_{x\to 0^+}(x+1)=1$$

即 $f(x)$ 在 $x=0$ 处左、右极限不相等,所以 $f(x)$ 在 $x=0$ 处极限不存在. 因此 $x=0$ 是 $f(x)$ 的间断点.

3. 闭区间上连续函数的性质

闭区间上的连续函数具有一些重要性质. 现在,我们将这些性质列在下面. 从几何上看,这些性质都是十分明显的,但是要严格证明它们,还需要其他知识,在这我们就不加以证明了.

性质1(具有最大(最小)值) 闭区间 $[a,b]$ 上的连续函数 $f(x)$ 在 $[a,b]$ 上必有最大值和最小值. 即在 $[a,b]$ 上,至少有两个点 x_1 和 x_2,使得对 $[a,b]$ 上的一切 x,有

$$f(x_1)\leq f(x)\leq f(x_2)$$

这里 $f(x_1)$ 和 $f(x_2)$ 分别是 $f(x)$ 在 $[a,b]$ 上的最小值 $m=f(x_1)$ 和最大值 $M=f(x_2)$. (见图 1-2-1)

性质2(零点存在定理) 若 $f(x)$ 在 $[a,b]$ 上连续,且 $f(a)$ 和 $f(b)$ 异号,则至少存在一点 $\xi\in(a,b)$,使得 $f(\xi)=0$ (见图 1-2-2)

性质3(介值定理) 闭区间 $[a,b]$ 上的连续函数 $f(x)$ 可以取其最小值和最大值之间的一切值. 即设 $f(x)$ 在 $[a,b]$ 上的最小值为 m,最大值为 M,那么,对于任何 $c:m<c<M$,至少存在一点 $\xi\in(a,b)$,使得 $f(\xi)=c$. (见图 1-2-3)

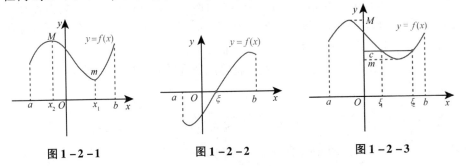

图 1-2-1   图 1-2-2   图 1-2-3

【基础练习 1-2】

1. 判断下列数列的敛散性:

(1) $\left\{2+\dfrac{1}{n^2}\right\}$;

(2) $\left\{(-1)^{n+1}\dfrac{1}{2^n}\right\}$;

(3) $\left\{(-1)^n\left(1+\dfrac{1}{n}\right)\right\}$;

(4) $\left\{\dfrac{2n+1}{n-1}\right\}$.

2. 求下列函数的极限:

(1) $\lim\limits_{x\to\infty}\dfrac{\sin x}{x}$;

(2) $\lim\limits_{x\to 0}x\cos\dfrac{1}{x}$;

(3) $\lim\limits_{x\to\infty}\dfrac{\arctan x}{x}$.

3. 求下列极限：

(1) $\lim\limits_{x \to 3} \dfrac{x^2 + 5}{x^2 - 3}$；

(2) $\lim\limits_{x \to 4} \dfrac{x^2 - 6x + 8}{x^2 - 5x + 4}$；

(3) $\lim\limits_{x \to 2} \dfrac{x^3 + 2x^2}{(x - 2)^2}$；

(4) $\lim\limits_{x \to 0} \dfrac{\sqrt{x + 4} - 2}{x}$；

(5) $\lim\limits_{x \to \infty} \dfrac{x^2 + 1}{x^4 - 9x + 6}$；

(6) $\lim\limits_{x \to \infty} \dfrac{x^2 + x + 1}{x - 1}$；

(7) $\lim\limits_{x \to \infty} \dfrac{1 - x - x^3}{x + x^3}$；

(8) $\lim\limits_{x \to 1} \left(\dfrac{1}{x - 1} - \dfrac{2}{x^2 - 1} \right)$；

(9) $\lim\limits_{x \to 1} \left(\dfrac{1}{1 - x} - \dfrac{3}{1 - x^3} \right)$；

(10) $\lim\limits_{x \to 0} \dfrac{\sin 7x}{\sin 6x}$；

(11) $\lim\limits_{x \to 0} \dfrac{\sin 3x}{\tan 6x}$；

(12) $\lim\limits_{x \to 0} \dfrac{\tan 3x - \sin 5x}{x}$；

(13) $\lim\limits_{x \to \pi} \dfrac{\sin 2(x - \pi)}{x - \pi}$；

(14) $\lim\limits_{x \to \infty} x \sin \dfrac{5}{x}$；

(15) $\lim\limits_{x \to 1} \dfrac{\sin(x^2 - 1)}{x - 1}$；

(16) $\lim\limits_{x \to \infty} \left(1 + \dfrac{3}{x} \right)^{5x}$；

(17) $\lim\limits_{x \to 0} (1 - 4x)^{\frac{5}{2x} + 1}$；

(18) $\lim\limits_{x \to 0} \left(\dfrac{5 - 2x}{5} \right)^{\frac{4}{x} + 3}$；

(19) $\lim\limits_{x \to \infty} \left(\dfrac{x}{1 + x} \right)^x$；

(20) $\lim\limits_{x \to \infty} \left(\dfrac{3x + 2}{3x + 1} \right)^{4x + 7}$．

4. 求下列函数的间断点：

(1) $f(x) = \dfrac{x^2 - x}{x^2 - 3x + 2}$；

(2) $f(x) = \dfrac{\sin 2x}{x}$；

(3) $f(x) = \begin{cases} x^2, & 0 \leqslant x < 1, \\ 2 + x, & 1 \leqslant x \leqslant 2; \end{cases}$

(4) $f(x) = \begin{cases} 2 + x^2, & x \leqslant 0, \\ \dfrac{\sin x}{x}, & x > 0. \end{cases}$

【提高练习1-2】

1. 极限 $\lim\limits_{x \to \infty} (\sqrt{x^2 + x} - x)$ 的结果是（　　）．

A. 0　　　　B. $\dfrac{1}{2}$　　　　C. ∞　　　　D. 不存在

2. 极限 $\lim\limits_{x \to 1} \dfrac{x - 1}{|x - 1|}$ 的值是（　　）．

A. 1　　　　B. -1　　　　C. 0　　　　D. 不存在

3. 极限 $\lim\limits_{x \to 1} \arctan \dfrac{1}{1 - x}$ 的值是（　　）．

A. $\dfrac{\pi}{2}$　　　　B. $-\dfrac{\pi}{2}$　　　　C. 0　　　　D. 不存在

4. 当 $x \to 0$ 时, $x^2 \cos \dfrac{1}{x} + 1$ 是 (　　).

　A. 无穷大量　　　　　　　B. 无穷小量
　C. 有界变量　　　　　　　D. 无界变量

5. 函数 $y = f(x)$ 在点 x_0 处有定义是函数 $y = f(x)$ 在点 x_0 处有极限的 (　　).

　A. 充分条件　　　　　　　B. 必要条件
　C. 充要条件　　　　　　　D. 既不充分也不必要条件

6. 函数 $y = f(x)$ 在点 x_0 处有定义是函数 $y = f(x)$ 在点 x_0 处连续的 (　　).

　A. 充分条件　　　　　　　B. 必要条件
　C. 充要条件　　　　　　　D. 既不充分也不必要条件

7. 若 $f(x) = \begin{cases} \dfrac{\ln(1-x)}{x}, & x < 0 \\ a+1, & x \geq 0 \end{cases}$ 在 $x = 0$ 处连续, 则 $a = $ ＿＿＿＿.

8. 设函数 $f(x) = \begin{cases} \dfrac{\sin 2x + e^{2ax} - 1}{x}, & x \neq 0 \\ a, & x = 0 \end{cases}$ 在 $(-\infty, +\infty)$ 内连续, 则 $a = $ ＿＿＿.

9. 已知 $\lim\limits_{x \to 0} \dfrac{\sin x}{e^x - a}(\cos x - b) = 5$, 则 $a = $ ＿＿＿＿, $b = $ ＿＿＿＿.

10. 已知 $\lim\limits_{x \to +\infty} \left(\dfrac{1}{2}x - \sqrt{ax^2 + bx - 2} \right) = -1$, 则 $a = $ ＿＿＿＿, $b = $ ＿＿＿＿.

11. 求下列极限:

(1) $\lim\limits_{x \to 1} \dfrac{\sqrt[3]{x} - 1}{\sqrt{x} - 1}$;

(2) $\lim\limits_{x \to 1} \dfrac{x + x^2 + \cdots + x^n - n}{x - 1}$;

(3) $\lim\limits_{x \to 1} \dfrac{\sin(\pi x)}{x^2 - 3x + 2}$;

(4) $\lim\limits_{x \to 0} (\cos x)^{\frac{1}{x^2}}$;

(5) $\lim\limits_{x \to 0} \dfrac{\sin x - \tan x}{3^x + \sqrt{1-x} - 2}$;

(6) $\lim\limits_{x \to 0} \left(\dfrac{\sin x}{x} \right)^{\frac{1}{x^2}}$.

【应用练习 1-2】

1. 【理财收益】某人用 100 万元购买年报酬率为 20% 的股票, 分别以按年结算和连续复利结算两种方式计算 5 年和 10 年后的收益.

2. 【还款问题】某人用分期付款的方式从银行贷款 50 万元用于购买商品房, 设贷款期限为 10 年, 年利率为 4%. 按连续复利计算, 10 年末还款的本利和为多少?

3. 【销售预测】推出一种新的电子游戏光盘时, 在短期内销售量会迅速增加,然后下降,其函数关系为 $y = \dfrac{200t}{t^2 + 100}$,试对该产品的长期销售作出预测.

4. 【利息问题】设本金为 1 万元,年利率为 10%,存款 1 年.(1)按复利计算;(2)按连续复利计算.1 年后的本利和各为多少?

5. 【哪一种投资方案合算】某人有 1 万元,想进行投资,现有两种投资方案:

(1)一种是一年支付一次红利,年利率是 12%;

(2)另一种是一年分 12 个月按复利支付红利,月利率 1%,哪一种投资方案合算?

(3)若另按连续复利支付红利又是多少?

6. 【贷款还款总额】某医院 2000 年 5 月 20 日从美国进口一台彩色超声波诊断仪,贷款 20 万美元,以复利计息,年利率 4%,2009 年 5 月 20 日到期一次还本付息,试确定贷款到期时还款总额.

(1)若一年计息 2 期;

(2)若按连续复利计息.

7. 【传染病传染的人数】假定某种传染病流行 t 天后,感染的人数由下式给出

$$N = \dfrac{1\,000\,000}{1 + 5\,000\mathrm{e}^{-0.1t}}$$

问:(1)如果不加控制,从长远考虑,将有多少人感染上这种病?

(2)有可能到某天为止,共有 100 万人染上这种病吗?50 万人呢?25 万人呢?

【数学文化聚焦】 祖冲之与圆周率

祖冲之（429—500 年），我国南北朝时期的伟大科学家、数学家，自幼受家庭书墨熏陶，酷爱天文与数学．他天资聪颖，勤奋好学，除了汲取古籍精华之外，又亲身观测实验．史书上记载他"亲量圭尺，躬查仪漏，目尽毫厘，心穷筹策．"

在数学方面，祖冲之求出圆周率 π 在 3.141 592 6 与 3.141 592 7 之间．据数学史界推测，这一结果可能是祖冲之进一步应用刘徽的割圆术求得的，达到很高精确度，保持了九百多年，直到 15 世纪，才被阿拉伯数学家卡西突破．祖冲之还提出了约率 $\dfrac{22}{7}$ 和密率 $\dfrac{355}{113}$，密率 $\dfrac{355}{113} \approx 3.141 592 92$ 的精度之高令后人惊叹，比荷兰工程师安托尼兹的同一发现早一千多年．数学家华罗庚深入分析了逼近的最优分数序列 $\dfrac{22}{7}$，$\dfrac{333}{106}$，$\dfrac{335}{113}$，$\dfrac{103\ 993}{33\ 102}$，$\dfrac{104\ 348}{33\ 215}$，…，$\dfrac{355}{113}$ 之后要到 $\dfrac{103\ 993}{33\ 102}$ 才是另一次最优有理分数．祖冲之的著作《缀术》在当时因"学官莫能究其深奥，是故废而不理．"

在生产应用方面，祖冲之改造了指南车，制作了水碓磨、千里船、漏钟等．他兴趣广泛，才华横溢，在哲学、文学、音乐等方面均有很深的造诣，曾注释《易经》《论语》等，还撰写小说《述异记》十卷．

祖冲之的杰出成就是世界科学史上的光辉篇章，他的伟大贡献备受后人瞩目，月球上发现的重要山脉中有"祖冲之山"，以纪念这位伟大的中国科学家．

应用三　弹性分析——导数与微分

在这个应用里,我们将学习弹性分析方法,以帮助我们科学地理性地分析经济现象,把握经济规律,从而为我们作出最优决策提供依据.

●问题 1.3.1　哪种商品降价多

冰箱与服装价格变化对比如表 1-3-1 所示.

表 1-3-1

调价前单价→调价后单价	绝对改变量	相对改变量
冰箱 2 900 元→2 780 元	2 780 - 2 900 = -120（元）	降幅 120/2 900 ≈ 4%
某品牌服装 300 元→180 元	180 - 300 = -120（元）	降幅 120/300 = 40%

根据表 1-3-1 中数据,你认为冰箱与服装哪个降价多?

相关知识:绝对改变量与相对改变量

设变量 t 由初值 t_0 改变到终值 t_1,则 $\Delta t = t_1 - t_0$ 称为变量 t 在 t_0 处的绝对改变量,$\dfrac{\Delta t}{t_0}$ 称为变量 t 在 t_0 处的相对改变量. 不难看出,绝对改变量指的是改变量的具体数值. 而相对改变量则描述了改变量相对于初始值的变化幅度（后者常常用百分数来表示）. 从某种意义上说,相对改变量更能反映变化的实质.

问题 1.3.1　解答

显然这个问题不能一概而论. 从绝对改变量看,两种商品的价格下降数量是一样的,但从相对改变量来看,服装的下降幅度比冰箱的下降幅度要大得多.

●问题 1.3.2　中国黄金价格波动对需求的影响程度有多大?

中国黄金调价前后的数据如表 1-3-2 所示.

表 1-3-2

项目	单价 P/元	需求量 Q/克
调价前	300	350
调价后	288	420

请你设计一个指标,使之能反映黄金价格波动对其需求的影响程度.

问题 1.3.2　解答

题中"价格波动"即"价格变化",表示价格之差,"价格波动对其需求的影响"表示价格变化引起需求量的前后变化,即由价格差引起的需求差的变化. 而"变化量"即"改变量",有绝对改变量与相对改变量的区别,所以我们要从不同的角度来分析.

(1) 比较绝对改变量.

价格的绝对改变量:$\Delta P = 288 - 300 = -12$(元);

需求量的绝对改变量:$\Delta Q = 420 - 350 = 70$(克).

从绝对改变量上看,价格下降 12 元,需求量增加 70 元,两个量的单位不一致,无法比较价格下降 12 元引起的需求量变化 70 克这样的变化是大还是小.

(2) 比较相对改变量.

价格的相对改变量:$\dfrac{\Delta P}{P} = -\dfrac{12}{300} = -0.04$;

需求量的相对改变量:$\dfrac{\Delta Q}{Q} = \dfrac{70}{350} = 0.2$.

从相对改变量上看,降价 4%,使得黄金的需求量增加了 20%,这里 4% 和 20% 都是百分数,具有可比性,$20\% - 4\% = 16\%$,需求量变化幅度比价格变化幅度多 16%.

(3) 比较相对改变量的倍数.

$$\dfrac{\text{需求量的相对改变量}}{\text{价格的相对改变量}} : \dfrac{\dfrac{\Delta Q}{Q}}{\dfrac{\Delta P}{P}} = \dfrac{0.2}{-0.04} = -5.$$

由比值可知,需求量的变动幅度是价格变动幅度的 5 倍,也就是说,若价格平均变动 1%,需求量将随之变动 5%(这里的负号表示需求量与价格的变动方向相反,即价格上浮需求量减少;价格下调,需求量增加).

显然我们从方法(3)得到的这个指标数量比较精确地描述了黄金价格波动对需求量的影响程度.

问题 1.3.2 所讨论的虽然只是黄金价格在 P 和 P_1 两点之间需求量受价格影响的评价变动情况,但却给我们提供了度量价格波动对需求量影响程度的一种方法,这种分析方法就是弹性分析方法. 如果我们把这种处理问题的方法推广到更一般的情形中去,就得到了需求价格弹性(简称需求弹性)的概念及相关理论.

相关知识:需求价格弹性及特点;导数;导数的几何意义;导数运算

1. 需求价格弹性的概念

定义 1.3.1 需求价格弹性是在其他因素不变的条件下,一种商品的需求量变动对其价格变动作出反应的程度,其反应程度的指标就是需求的价格弹性系数,即需求量变动率与价格变动率之比. 用公式表示为

$$E_d = \frac{\frac{\Delta Q}{Q}}{\frac{\Delta P}{P}} = \frac{\Delta Q}{\Delta P} \cdot \frac{P}{Q}$$

它表示价格波动 1%，需求量平均变动 $|E_d|\%$. 需求价格弹性一般为负数，因为需求量与价格的变动方向是相反的. 但需求价格弹性的绝对值体现了这种变动程度的大小，这才是经济分析所关心的，因而我们总是讨论需求价格弹性的绝对值.

2. 需求价格弹性的计算

需求价格弹性的计算方法有两种：点弹性计算法和弧弹性计算法.

(1) 点弹性. 需求的点弹性是指需求曲线上某一点的弹性，也就是价格变动无限小时所引起的需求量变动的反应程度. 一般来说，当价格变动较小时可用点弹性来计算.

根据前面需求价格弹性的计算公式，当 $\Delta P \to 0$ 时，如果 $\frac{\Delta Q}{\Delta P} \cdot \frac{P}{Q}$ 的极限存在，则称此极限为该商品在价格点 P 时的需求价格弹性，记为

$$E_d = \lim_{\Delta P \to 0} \frac{\Delta Q}{\Delta P} \cdot \frac{P}{Q}$$

它表示在价格为 P 时，价格波动 1%，需求量平均变动 $|E_d|\%$.

(2) 弧弹性. 需求曲线上两点 $[P, P + \Delta P]$ 间的弹性 E_d 称为弧弹性，当价格变动较大时用弧弹性计算，其计算公式为

$$E_d = \frac{\frac{\Delta Q}{(Q_1 + Q_2)/2}}{\frac{\Delta P}{(P_1 + P_2)/2}} = \frac{\Delta Q}{\Delta P} \cdot \frac{P_1 + P_2}{Q_1 + Q_2}$$

3. 需求价格弹性的特点

(1) $|E_d| = 0$：完全无弹性——价格再怎样变动，需求量都不会变动（如火葬、特效药等）.

(2) $|E_d| = \infty$：弹性无穷大——在既定价格上，需求量无限；一旦高于该价格，需求量为 0（商品严重短缺时）.

(3) $|E_d| = 1$：单位弹性——需求量与价格按同一比率变动而总收益不会随价格的变动而变动. 此时价格没有必要调整.

(4) $|E_d| < 1$：缺乏弹性或低弹性——需求量变动的比率小于价格变动的比率，价格提高（或降低）1% 所引起的需求减少（或增加）的幅度不会超过 1%，该商品的需求对价格的波动的反应不敏感（如生活必需品），此时总收益与价格的变动方向相同，可适当提价以增加收益.

(5) $|E_d| > 1$：富有弹性——需求量变动的比率大于价格变动的比率，即价格提高（或降低）1%所引起的需求减少（或增加）的幅度将超过1%，该商品的需求对价格波动的反应是敏感的（如奢侈品）．此时，总收益与价格的变动方向相反，应降价促销以增加收益．

4. 需求价格弹性与导数

在需求价格弹性的表达式 $E_d = \lim\limits_{\Delta P \to 0} \dfrac{\Delta Q}{\Delta P} \cdot \dfrac{P}{Q}$ 中 ΔP 为变量，P 为常量，所以

$$E_d = \lim_{\Delta P \to 0} \frac{\Delta Q}{\Delta P} \cdot \frac{P}{Q} = \frac{P}{Q} \lim_{\Delta P \to 0} \frac{\Delta Q}{\Delta P}$$

其中 $\lim\limits_{\Delta P \to 0} \dfrac{\Delta Q}{\Delta P}$ 部分有特殊的含义：

(1) $\dfrac{\Delta Q}{\Delta P}$ 表示价格 P 发生 ΔP 的变化时，相应的需求量 Q 发生了 ΔQ 的变化，比值 $\dfrac{\Delta Q}{\Delta P}$ 的大小表明了需求量随价格变化而变化的变化速度，不过，这个变化速度是两点间的平均变化速度．

(2) $\lim\limits_{\Delta P \to 0} \dfrac{\Delta Q}{\Delta P}$ 则表示需求量当 $\Delta P \to 0$ 时（即在价格点 P 处发生极微小的变化）随价格变化而变化的点变化速度．

(3) 在数学上，$\lim\limits_{\Delta P \to 0} \dfrac{\Delta Q}{\Delta P}$ 叫作函数 $Q = Q(P)$ 在点 P 处的导数，记作

$$\lim_{\Delta P \to 0} \frac{\Delta Q}{\Delta P} = \frac{\mathrm{d}Q}{\mathrm{d}P} = Q'(P)$$

这样，需求价格弹性又可以表示为 $E_d = \dfrac{P}{Q} \lim\limits_{\Delta P \to 0} \dfrac{\Delta Q}{\Delta P} = \dfrac{P}{Q} Q'(P)$．

了解导数的相关知识和计算方法，可以帮助我们更好更快地计算弹性．

5. 导数的定义

定义 1.3.2 设函数 $y = f(x)$ 在点 x_0 的某个邻域内有定义，当自变量在点 x_0 处取得改变量 $\Delta x (\neq 0)$ 时，函数 $f(x)$ 取得相应的改变量

$$\Delta y = f(x_0 + \Delta x) - f(x_0)$$

如果当 $\Delta x \to 0$ 时，

$$\lim_{\Delta x \to 0} \frac{\Delta y}{\Delta x} = \lim_{\Delta x \to 0} \frac{f(x_0 + \Delta x) - f(x_0)}{\Delta x}$$

存在，则称此极限值为函数 $y = f(x)$ 在点 x_0 的导数，记作

$$f'(x_0)，\text{或} \ y'|_{x=x_0}，\text{或} \ \frac{\mathrm{d}y}{\mathrm{d}x}\bigg|_{x=x_0}，\text{或} \ \frac{\mathrm{d}f}{\mathrm{d}x}\bigg|_{x=x_0}$$

导数的定义

可导和连续的关系

也称函数 $f(x)$ 在点 x_0 可导；如果 $\lim\limits_{\Delta x \to 0} \dfrac{\Delta y}{\Delta x}$ 不存在，则称函数 $f(x)$ 在点 x_0 不可导.

若 $f(x)$ 在区间 (a,b) 内可导，则对于区间 (a,b) 内的每一个 x，都有一个导数值 $f'(x)$ 与之对应，所以 $f'(x)$ 也是 x 的函数，叫作 $f(x)$ 的导函数，简称导数. 记作

$$f'(x)，或 y'，或 \dfrac{\mathrm{d}y}{\mathrm{d}x}，或 \dfrac{\mathrm{d}f}{\mathrm{d}x}$$

导数描述了函数随自变量变化而变化的快慢程度，即函数的变化率.

6. 导数的几何意义

设曲线 L 是函数 $y = f(x)$ 的图形. M_0 是 L 上的一个定点，它的横坐标是 x_0，求曲线 L 在点 M_0 处的切线.

在曲线 L 上另取一点 M，则它的横坐标可以表示为 $x_0 + \Delta x$，做割线 $M_0 M$，做 $M_0 R$ 平行于 x 轴，则 $\angle M M_0 R$ 等于割线 $M_0 M$ 与 x 轴的夹角，记作 φ，如图 1-3-1 所示，于是 $M_0 M$ 的斜率为

$$\tan \varphi = \dfrac{\Delta y}{\Delta x} = \dfrac{f(x_0 + \Delta x) - f(x_0)}{\Delta x}$$

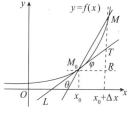

图 1-3-1

现在使点 M 沿曲线 L 移动，逐渐移近到 M_0，则割线 $M_0 M$ 的位置也随着变动，当 M 趋向于 M_0 时，割线的极限位置为 $M_0 T$，直线 $M_0 T$ 称为曲线 L 在 M_0 点的切线. 这时，φ 也趋向于 $M_0 T$ 与 x 轴的夹角 θ，因而切线 $M_0 T$ 的斜率为

$$k = \tan \theta = \lim_{\varphi \to \theta} \tan \varphi = \lim_{\Delta x \to 0} \dfrac{\Delta y}{\Delta x} = \lim_{\Delta x \to 0} \dfrac{f(x_0 + \Delta x) - f(x_0)}{\Delta x}$$

因此函数 $y = f(x)$ 在点 x_0 处的导数 $f'(x_0)$ 就是曲线 $y = f(x)$ 在点 $M_0(x_0, y_0)$ 处的切线 $M_0 T$ 的斜率，$k = \tan \theta = f'(x_0)$. 这就是导数的几何意义.

例 求曲线 $y = x^2$ 在点 $(1, 1)$ 处的切线方程、法线方程.

解 由导数的几何意义得：$k = y'|_{x=1} = 2x|_{x=1} = 2$.

切线方程为 $y - 1 = 2(x - 1)$，整理得 $2x - y - 1 = 0$，

法线方程为 $y - 1 = -\dfrac{1}{2}(x - 1)$，整理得 $x + 2y - 3 = 0$.

7. 导数的计算公式与运算法则

计算弹性时必然要计算导数，所以我们要熟悉以下常用的导数计算公式和运算法则.

基本初等函数的导数公式归纳如下：

常数函数	(1) $(c)' = 0$ (c 为常数)	
幂函数	(2) $(x^{\alpha})' = \alpha x^{\alpha-1}$ (α 为任意实数)	
指数函数	(3) $(a^x)' = a^x \ln a$ ($a > 0, a \neq 1$)	(4) $(e^x)' = e^x$
对数函数	(5) $(\log_a x)' = \dfrac{1}{x \ln a}$ ($a > 0, a \neq 1$)	(6) $(\ln x)' = \dfrac{1}{x}$
三角函数	(7) $(\sin x)' = \cos x$	(8) $(\cos x)' = -\sin x$
	(9) $(\tan x)' = \sec^2 x = \dfrac{1}{\cos^2 x}$	(10) $(\cot x)' = -\csc^2 x = -\dfrac{1}{\sin^2 x}$
	(11) $(\sec x)' = \sec x \cdot \tan x$	(12) $(\csc x)' = -\csc x \cdot \cot x$
反三角函数	(13) $(\arcsin x)' = \dfrac{1}{\sqrt{1-x^2}}$	(14) $(\arccos x)' = -\dfrac{1}{\sqrt{1-x^2}}$
	(15) $(\arctan x)' = \dfrac{1}{1+x^2}$	(16) $(\mathrm{arccot}\, x)' = -\dfrac{1}{1+x^2}$

导数的四则运算法则如下:

定理 1.3.1 设函数 $u(x)$ 和 $v(x)$ 在点 x 处可导,则

(1) 代数和的导数.

$u(x) \pm v(x)$ 在点 x 处也可导,且 $(u \pm v)' = u' \pm v'$.

上面的公式可推广到任意有限多个函数的代数和求导,即 $(u_1 \pm u_2 \pm \cdots \pm u_n)' = u_1' \pm u_2' \pm \cdots \pm u_n'$.

导数的四则运算法则

(2) 乘积的导数.

$u(x) \cdot v(x)$ 在点 x 处也可导,且 $(uv)' = u'v + uv'$.

特别地,当其中有一个函数为常数 c 时,则有 $(cu)' = cu'$.

上面的公式可推广到任意有限多个可导函数的乘积,例如,

$$(uvw)' = u'vw + uv'w + uvw'$$

(3) 商的导数.

$\dfrac{u(x)}{v(x)}$ 在点 x 处也可导,且 $\left(\dfrac{u}{v}\right)' = \dfrac{u'v - uv'}{v^2}$.

例 1 设 $y = 5x^2 + \dfrac{3}{x^3} - 2^x + 4\cos x - e$,求 y'.

解 $y' = 5(x^2)' + 3(x^{-3})' - (2^x)' + 4(\cos x)' - (e)'$
$= 5 \times 2x + 3 \times (-3)x^{-4} - 2^x \ln 2 + 4(-\sin x) - 0$
$= 10x - \dfrac{9}{x^4} - 2^x \ln 2 - 4\sin x$.

例 2 设 $y = x \sin x \ln x$,求 $\dfrac{dy}{dx}$.

解 $\dfrac{dy}{dx} = (x)' \sin x \ln x + x(\sin x)' \ln x + x \sin x (\ln x)'$

$$= 1 \cdot \sin x \ln x + x \cos x \ln x + x \sin x \cdot \frac{1}{x}$$

$$= \sin x \ln x + x \cos x \ln x + \sin x.$$

例3 已知 $f(x) = \dfrac{x^2 - x + 2}{x + 3}$，求 $f'(1)$.

解 $f'(x) = \dfrac{(x^2 - x + 2)'(x + 3) - (x^2 - x + 2)(x + 3)'}{(x + 3)^2}$

$$= \frac{(2x - 1)(x + 3) - (x^2 - x + 2) \cdot 1}{(x + 3)^2} = \frac{x^2 + 6x - 5}{(x + 3)^2},$$

$$f'(1) = \frac{1^2 + 6 \times 1 - 5}{(1 + 3)^2} = \frac{1}{8}.$$

例4 求 $y = \tan x$ 的导数.

解 因为 $y = \dfrac{\sin x}{\cos x}$，所以

$$y' = \frac{(\sin x)' \cos x - \sin x (\cos x)'}{(\cos x)^2} = \frac{\cos^2 x + \sin^2 x}{\cos^2 x} = \frac{1}{\cos^2 x} = \sec^2 x,$$

即 $(\tan x)' = \dfrac{1}{\cos^2 x} = \sec^2 x.$

用同样方法可以得到

$$(\cot x)' = -\frac{1}{\sin^2 x} = -\csc^2 x.$$

●问题 1.3.3 降价能增加多少销售量

某商品滞销，拟用降价扩大销路，若该商品的需求价格弹性在 $-2 \sim -1.5$，试问：当降价 10% 时，销售量能增加多少？

问题 1.3.3 解答

因为 $E_d = \dfrac{\dfrac{\Delta Q}{Q}}{\dfrac{\Delta P}{P}}$，所以 $\dfrac{\Delta Q}{Q} = E_d \cdot \dfrac{\Delta P}{P}$，而 $\dfrac{\Delta P}{P} = -10\%$，则

当 $E_d = -2$ 时，$\dfrac{\Delta Q}{Q} = E_d \cdot \dfrac{\Delta P}{P} = -2(-10\%) = 20\%$；

当 $E_d = -1.5$ 时，$\dfrac{\Delta Q}{Q} = E_d \cdot \dfrac{\Delta P}{P} = -1.5(-10\%) = 15\%$.

故销售量能增加 15% ~ 20%.

仿照需求弹性的定义，我们可以得到一般函数的弹性概念.

对于函数 $y = f(x)$，如果极限 $\lim\limits_{\Delta x \to 0} \dfrac{\Delta y/y}{\Delta x/x}$ 存在，则

$$\lim_{\Delta x \to 0} \frac{\Delta y/y}{\Delta x/x} = \lim_{\Delta x \to 0} \frac{\Delta y}{\Delta x} \cdot \frac{x}{y} = \frac{x}{y} \frac{dy}{dx} = \frac{x}{y} f'(x)$$

称作函数 $f(x)$ 在点 x 处的弹性，记作 E，即 $E = \frac{x}{y} \frac{dy}{dx}$. 它表示自变量在 x 处变动 1%，因变量 y 将随之变动 $|E|\%$.

● 问题 1.3.4　如何定价收益最大

某商品由一企业垄断生产，产品的需求函数为 $Q = 12 - 0.5P$，在 $P = 6$ 及 $P = 18$ 时，若价格上涨 2%，总收入如何变化？价格定为多少时，总收入最大？

问题 1.3.4　分析：价格上涨 2%，相应的总收入增加或减少多少个百分点的问题就是求收益的弹性问题.

相关知识：销售收入与需求弹性

销售收入函数为 $R(P)$，则根据弹性定义收入函数在点 P 处的弹性，记作 E_r，即 $E_r = \frac{P}{R} \frac{dR}{dP}$.

由于 $R(P) = P \cdot Q$，则 $\frac{dR}{dP} = \frac{d(PQ)}{dP} = Q + P \frac{dQ}{dP}$，所以收益弹性为

$$E_r = \frac{P}{R} \frac{dR}{dP} = \frac{P}{PQ} \cdot \left(Q + P \frac{dQ}{dP}\right) = 1 + \frac{P}{Q} \frac{dQ}{dP} = 1 + E_d$$

收益弹性的特点如下：

(1) $E_r > 0$（即 $|E_d| < 1$，商品是低弹性的）：收益随价格同向变动，价格提升，收益增长应采用提价策略.

(2) $E_r = 0$（即 $|E_d| = 1$，商品是单位弹性的）：收益不随价格的变动而变动，因此，没有调整价格的必要，此时获得的收益最大.

(3) $E_r < 0$（即 $|E_d| > 1$，商品是高弹性的）：收益随价格反向变动，价格降低，收益增长应采用降价策略.

问题 1.3.4　解答

需求弹性为 $E_d = \frac{P}{Q} Q'(P) = \frac{P}{12 - 0.5P}(-0.5) = \frac{P}{P - 24}$，则收益价格弹性为

$$E_r = 1 + E_d = 1 + \frac{P}{P - 24} = \frac{2P - 24}{P - 24}$$

所以 $E_r(6) = \frac{2 \times 6 - 24}{6 - 24} = \frac{2}{3} \approx 0.7$，$E_r(18) = \frac{2 \times 18 - 24}{18 - 24} = -2$，即当价格为 6 时，若价格上涨 2%，总收入增加 0.7%；而当价格为 18 时，若价格上涨 2%，总收入减少 2%.

当 $E_r = 0$ 时，总收入最大，即 $\dfrac{2P-24}{P-24} = 0$，解得 $P = 12$，故当价格为 12 时总收入最大．

知识拓展

1. 复合函数求导

定理 1.3.1 设函数 $y = f(u)$ 在点 u 处有导数 $\dfrac{\mathrm{d}y}{\mathrm{d}u} = f'(u)$，函数 $u = \varphi(x)$ 在点 x 处有导数 $\dfrac{\mathrm{d}u}{\mathrm{d}x} = \varphi'(x)$，则复合函数 $y = f[\varphi(x)]$ 在该点 x 处也有导数，且

复合函数的求导法则

$$\frac{\mathrm{d}y}{\mathrm{d}x} = f'(u) \cdot \varphi'(x) \quad \text{或} \quad y'_x = y'_u \cdot u'_x \quad \text{或} \quad \frac{\mathrm{d}y}{\mathrm{d}x} = \frac{\mathrm{d}y}{\mathrm{d}u} \cdot \frac{\mathrm{d}u}{\mathrm{d}x}$$

例 1 求下列函数的导数：

(1) $y = \sin^3 x$；　　　(2) $y = \cos x^2$．

解 (1) 因为函数 $y = \sin^3 x$ 是由 $u = \sin x$，$y = u^3$ 复合而成的，则 $y'_x = y'_u \cdot u'_x = 3u^2 \cdot \cos x = 3\sin^2 x \cos x$．

(2) 因为函数 $y = \cos x^2$ 是由 $u = x^2$，$y = \cos u$ 复合而成的，则 $y'_x = y'_u \cdot u'_x = -\sin u \cdot 2x = -2x \sin x^2$．

例 2 求函数 $y = 2^{\tan \frac{1}{x}}$ 的导数．

解 设 $y = 2^u$，$u = \tan v$，$v = \dfrac{1}{x}$，则

$$y'_x = y'_u \cdot u'_v \cdot v'_x = 2^u \ln 2 \cdot \frac{1}{\cos^2 v} \cdot \left(-\frac{1}{x^2}\right) = -\frac{2^{\tan\frac{1}{x}} \ln 2}{x^2 \cos^2 \frac{1}{x}}$$

注：用复合函数的求导法则求出来的结果，必须把引进的中间变量回代成原来自变量的式子．复合函数求导法则好像链条一样一环扣一环，又称之为链式法则．运用这个法则的关键是要分清复合函数的层次和结构，即要看清它是怎样由外层到内层复合而成的，然后由外向内逐层求导数再相乘，既不能重复，也不能遗漏．

在求导的计算过程中，有时我们除了使用复合函数的求导法则外，可能需要同时使用函数的四则运算．

例 3 求下列函数的导数：

(1) $y = (x+1)\sqrt{3-4x}$；

(2) $y = \left(\dfrac{x}{x^2-3}\right)^n$．

解 (1) $y' = (x+1)'\sqrt{3-4x} + (x+1)(\sqrt{3-4x})'$

$= \sqrt{3-4x} + (x+1) \cdot \dfrac{-4}{2\sqrt{3-4x}}$

$= \dfrac{3-4x-2x-2}{\sqrt{3-4x}} = \dfrac{1-6x}{\sqrt{3-4x}}$;

(2) $y' = n\left(\dfrac{x}{x^2-3}\right)^{n-1} \cdot \left(\dfrac{x}{x^2-3}\right)'$

$= n\left(\dfrac{x}{x^2-3}\right)^{n-1} \cdot \dfrac{(x)'(x^2-3) - x(x^2-3)'}{(x^2-3)^2}$

$= n\left(\dfrac{x}{x^2-3}\right)^{n-1} \cdot \dfrac{x^2-3-2x^2}{(x^2-3)^2}$

$= -\dfrac{nx^{n-1}(3+x^2)}{(x^2-3)^{n+1}}.$

2. 隐函数求导

把函数 y 直接表示成自变量 x 的函数 $y = f(x)$，称为显函数；由未解出因变量的方程 $F(x,y) = 0$ 所确定的 y 与 x 之间的函数关系为隐函数. 例如，$x^2 + y^2 = 4$，$xy = e^{\frac{x}{y}}$，$\sin(x^2 y) - 5x = 0$，$e^x + e^y - xy = 0$，$2x^2 - y + 4 = 0$ 等.

隐函数的导数

隐函数求导的方法是：方程两端同时对 x 求导，遇到含有 y 的项，先对 y 求导，再乘以 y 对 x 的导数 y'，得到一个含有 y' 的方程式，然后从中解出 y' 即可.

例 1 求由方程 $e^y = xy$ 所确定的隐函数 y 的导数.

解 方程两边同时对 x 求导，得 $e^y \cdot y' = x'y + xy'$

即 $\qquad e^y \cdot y' = y + xy'$，$y' = \dfrac{y}{e^y - x}$

例 2 求由方程 $x^2 + y^2 = 4$ 所确定的隐函数 y 的导数 y'.

解 因为方程 $x^2 + y^2 = 4$ 确定 y 为 x 的函数，记为 $y = f(x)$，即方程可写成

$$x^2 + f^2(x) = 4$$

其中 $f^2(x)$ 是通过中间变量 y 对 x 的复合函数，恒等式两边对 x 求导，得

$$(x^2)' + [f^2(x)]' = (4)'$$

即 $\qquad 2x + 2f(x) \cdot f'(x) = 0$

所以 $\qquad y' = f'(x) = -\dfrac{x}{y}$

注：若 y 确定为 x 的隐函数，只需等式两边同时对 x 求导，而在此过程中，把 y 视为中间变量.

一般地，隐函数求导的方法是：方程两端同时对 x 求导，遇到含有 y 的项，先对 y 求导，再乘以 y 对 x 的导数 y'，得到一个含有 y' 的方程式，然后从中解出 y'

即可．

例 3 求曲线 $xy + \ln y = 1$ 在点 $M(1,1)$ 处的切线方程．

解 先求由 $xy + \ln y = 1$ 所确定的隐函数的导数．方程两边同时对 x 求导，得
$$(xy)' + (\ln y)' = (1)'$$

即
$$y + xy' + \frac{1}{y} \cdot y' = 0$$

解出 y'，得
$$y' = \frac{-y}{x + \frac{1}{y}} = -\frac{y^2}{xy + 1}$$

在点 $M(1,1)$ 处，$y'\big|_{\substack{x=1 \\ y=1}} = -\frac{1}{2}$．

于是，在点 $M(1,1)$ 处的切线方程为
$$y - 1 = -\frac{1}{2}(x - 1)$$

即
$$x + 2y - 3 = 0$$

我们也经常遇到这样一些情形，虽然给定的函数是显函数，但直接求它的导数很困难或很麻烦，比如一种因子之幂的连乘积的函数和幂指函数 $y = u^v$（其中 u、v 都是 x 的函数，且 $u > 0$）．对于这两类函数，可以通过两边取对数，转化成隐函数，然后按隐函数的求导方法求出导数 y'，这种方法称为取对数求导法，可以使计算简单得多．

例 4 求曲线 $y = \sqrt[3]{\dfrac{x(3x-1)^2}{(5x+3)(2-x)}}$ $\left(\dfrac{1}{3} < x < 2\right)$．

解 两边取对数，有
$$\ln y = \frac{1}{3}[\ln x + 2\ln(3x-1) - \ln(5x+3) - \ln(2-x)]$$

方程两边同时对 x 求导，可得
$$\frac{1}{y} \cdot y' = \frac{1}{3}\left(\frac{1}{x} + 2\frac{3}{3x-1} - \frac{5}{5x+3} - \frac{-1}{2-x}\right)$$

即
$$y' = \frac{1}{3}\sqrt[3]{\frac{x(3x-1)}{(5x+3)(2-x)}}\left(\frac{1}{x} + \frac{6}{3x-1} - \frac{5}{5x+3} + \frac{1}{2-x}\right)$$

例 5 求 $y = x^{\sin x}$ 的导数 $(x > 0)$．

解 两边取对数，有
$$\ln y = \ln x^{\sin x} = \sin x \ln x$$

两边同时对 x 求导，可得
$$\frac{1}{y} \cdot y' = (\sin x)' \ln x + \sin x (\ln x)' = \cos x \cdot \ln x + \sin x \cdot \frac{1}{x}$$

即
$$y' = x^{\sin x}\left(\cos x \ln x + \frac{1}{x}\sin x\right)$$

3. 高阶导数

一般地，如果 $f'(x)$ 在点 x 处对 x 的导数 $[f'(x)]'$ 存在，则称 $[f'(x)]'$ 为 $f(x)$ 在点 x 处的二阶导数，记作 $f''(x)$，y''，$\dfrac{d^2y}{dx^2}$ 或 $\dfrac{d^2f}{dx^2}$.

高阶导数

相应地，把 $y = f(x)$ 的导数 $y' = f'(x)$ 称为函数 $y = f(x)$ 的一阶导数.

类似地，二阶导数 $f''(x)$ 的导数称为 $f(x)$ 的三阶导数，记作 $f'''(x)$，y'''，$\dfrac{d^3y}{dx^3}$，$\dfrac{d^3f}{dx^3}$，$(n-1)$ 阶导数 $f^{(n-1)}(x)$ 的导数称为 $f(x)$ 的 n 阶导数，记作 $f^{(n)}(x)$，$y^{(n)}$，$\dfrac{d^ny}{dx^n}$ 或 $\dfrac{d^nf}{dx^n}$.

函数 $y = f(x)$ 在点 x 处具有 n 阶导数，也称 n 阶可导. 二阶及二阶以上各阶导数统称高阶导数. 四阶或四阶以上的导数记作 $f^{(k)}(x)$，$y^{(k)}$，$\dfrac{d^ky}{dx^k}$，$\dfrac{d^kf}{dx^k}(k \geq 4)$.

例 1 设 $f'(x) = x^2 \ln x$，求 $f'''(2)$.

解 $f'(x) = 2x\ln x + x$，$f''(x) = 2\ln x + 3$，$f'''(x) = \dfrac{2}{x}$，$f'''(2) = 1$.

例 2 求函数 $y = a^x$ 的 n 阶导数.

解 $y' = a^x \ln a$，$y'' = a^x(\ln a)^2$，$\cdots$，$y^{(n)} = a^x(\ln a)^n$.

例 3 求函数 $y = x^n$ 的 n 阶导数.

解 $y' = nx^{n-1}$，$y'' = n(n-1)x^{n-2}$，$y''' = n(n-1)(n-2)x^{n-3}$，$\cdots$，
$$y^{(n-1)} = n(n-1)(n-2)\cdot\cdots\cdot 3\cdot 2x$$

所以 $y^{(n)} = n!$.

例 4 求函数 $y = \sin x$ 的 n 阶导数.

$y' = (\sin x)' = \cos x = \sin\left(x + \dfrac{1}{2}\pi\right)$，

$y'' = (\cos x)' = -\sin x = \sin\left(x + \dfrac{2}{2}\pi\right)$，

$y''' = (-\sin x)' = -\cos x = \sin\left(x + \dfrac{3}{2}\pi\right)$

$\cdots$

一般地，可得 $(\sin x)^{(n)} = \sin\left(x + \dfrac{n}{2}\pi\right)(n = 1,2,3,\cdots)$

同理可得 $(\cos x)^{(n)} = \cos\left(x + \dfrac{n}{2}\pi\right)(n = 1,2,3,\cdots)$

4. 洛必达法则

在极限中形如 $\dfrac{0}{0}$、$\dfrac{\infty}{\infty}$ 型的极限称为基本未定式. 下面介绍一种简捷有效的求未定式极限的计算方法——洛必达法则.

洛必达法则

定理 1.3.2 （洛必达法则）若函数 $f(x)$ 与 $g(x)$ 满足条件：

(1) $\lim\limits_{x\to x_0} f(x) = 0$，$\lim\limits_{x\to x_0} g(x) = 0$；（或 $\lim\limits_{x\to x_0} f(x) = \infty$，$\lim\limits_{x\to x_0} g(x) = \infty$）

(2) $f(x)$ 与 $g(x)$ 在点 x_0 的附近（点 x_0 可除外）可导，且 $g'(x) \neq 0$；

(3) $\lim\limits_{x\to x_0} \dfrac{f'(x)}{g'(x)} = A$（或 ∞）．

则 $\lim\limits_{x\to x_0} \dfrac{f(x)}{g(x)} = \lim\limits_{x\to x_0} \dfrac{f'(x)}{g'(x)} = A$（或 ∞）．

注：(1) 定理中若 $x \to x_0^+, x \to x_0^-, x \to \infty, x \to +\infty, x \to -\infty$，洛必达法则同样适用，故可简单地表示为 $\lim \dfrac{f(x)}{g(x)} = \lim \dfrac{f'(x)}{g'(x)} = A$（或 ∞）．

(2) 如果 $\lim\limits_{x\to x_0} \dfrac{f'(x)}{g'(x)}$ 仍为 $\dfrac{0}{0}$ 型（或 $\dfrac{\infty}{\infty}$ 型），而函数 $f'(x)$ 与 $g'(x)$ 也满足定理条件，则可继续使用洛必达法则. 应强调指出的是，每次使用时都必须验证条件是否成立.

例 1 $\lim\limits_{x\to 1} \dfrac{x^2 - 2x + 1}{x^2 - 3x + 2} \xlongequal{\left(\frac{0}{0}\right)} \lim\limits_{x\to 1} \dfrac{(x^2 - 2x + 1)'}{(x^2 - 3x + 2)'} = \lim\limits_{x\to 1} \dfrac{2x - 2}{2x - 3} = 0$．

例 2 $\lim\limits_{x\to +\infty} \dfrac{\ln x}{x^n} \xlongequal{\left(\frac{\infty}{\infty}\right)} \lim\limits_{x\to +\infty} \dfrac{(\ln x)'}{(x^n)'} = \lim\limits_{x\to +\infty} \dfrac{\dfrac{1}{x}}{nx^{n-1}} = \lim\limits_{x\to +\infty} \dfrac{1}{nx^n} = 0$．

例 3 $\lim\limits_{x\to +\infty} \dfrac{\dfrac{\pi}{2} - \arctan x}{\dfrac{1}{x}} \xlongequal{\left(\frac{0}{0}\right)} \lim\limits_{x\to +\infty} \dfrac{-\dfrac{1}{1+x^2}}{-\dfrac{1}{x^2}} = \lim\limits_{x\to +\infty} \dfrac{x^2}{1+x^2} \xlongequal{\left(\frac{\infty}{\infty}\right)} \lim\limits_{x\to +\infty} \dfrac{2x}{2x} = 1$．

其他型未定式

未定式除基本未定式 $\dfrac{0}{0}$、$\dfrac{\infty}{\infty}$ 外，还有 $0 \cdot \infty$、$\infty - \infty$、0^0、∞^0 和 1^∞ 五种类型，我们主要学习 $0 \cdot \infty$ 和 $\infty - \infty$ 型，这两种类型未定式通过适当的恒等变形可转化为基本未定式.

例 4 $\lim\limits_{x\to 0^+} x \ln x \xlongequal{(0 \cdot \infty)} \lim\limits_{x\to 0^+} \dfrac{\ln x}{\dfrac{1}{x}} \xlongequal{\left(\frac{\infty}{\infty}\right)} \lim\limits_{x\to 0^+} \dfrac{\dfrac{1}{x}}{-\dfrac{1}{x^2}} = \lim\limits_{x\to 0^+} (-x) = 0$．

例 5 求 $\lim\limits_{x\to \frac{\pi}{2}} (\sec x - \tan x)$ （$\infty - \infty$ 型）．

解
$$\lim_{x\to\frac{\pi}{2}}(\sec x - \tan x) = \lim_{x\to\frac{\pi}{2}}\left(\frac{1}{\cos x} - \frac{\sin x}{\cos x}\right)$$
$$= \lim_{x\to\frac{\pi}{2}}\frac{1-\sin x}{\cos x}\left(\text{已化为}\frac{0}{0}\text{型}\right)$$
$$= \lim_{x\to\frac{\pi}{2}}\frac{-\cos x}{-\sin x} = \frac{0}{1} = 0$$

洛必达法则为求未定式的极限提供了一个非常有效的方法,但它并不是万能的.

例6 求 $\lim\limits_{x\to\infty}\dfrac{x+\sin x}{1+x}$.

解 这是 $\dfrac{\infty}{\infty}$ 型未定式,但极限 $\lim\limits_{x\to\infty}\dfrac{f'(x)}{g'(x)} = \lim\limits_{x\to\infty}\dfrac{1+\cos x}{1}$ 不存在,即不满足洛必达法则的第三个条件,所以不能使用洛必达法则,但不能断言原极限不存在. 事实上原极限可由下面的方法求出:$\lim\limits_{x\to\infty}\dfrac{x+\sin x}{1+x} = \lim\limits_{x\to\infty}\dfrac{1+\dfrac{1}{x}\sin x}{\dfrac{1}{x}+1} = 1$.

例7 求 $\lim\limits_{x\to+\infty}\dfrac{\sqrt{1+x^2}}{x}$.

解
$$\lim_{x\to+\infty}\frac{\sqrt{1+x^2}}{x} = \lim_{x\to+\infty}\frac{\dfrac{2x}{2\sqrt{1+x^2}}}{1} = \lim_{x\to+\infty}\frac{x}{\sqrt{1+x^2}}$$
$$= \lim_{x\to+\infty}\frac{1}{\dfrac{x}{\sqrt{1+x^2}}} = \lim_{x\to+\infty}\frac{\sqrt{1+x^2}}{x}$$

经过两次运用洛必达法则,又回到了原来的形式,这说明洛必达法则失效,此例可按如下方法计算:

$$\lim_{x\to+\infty}\frac{\sqrt{1+x^2}}{x} = \lim_{x\to+\infty}\sqrt{\frac{1+x^2}{x^2}} = \lim_{x\to+\infty}\sqrt{\frac{1}{x^2}+1} = 1$$

从以上两例可以看出,洛必达法则的条件是充分的而不是必要的. 若运用该法则不能解决某未定式的极限问题,并不意味着该未定式的极限不存在,而应考虑使用其他方法.

5. 微分

我们讲过导数表示函数在点 x 处的变化率,它描述函数在点 x 处变化的快慢程度,但有时我们还需要了解函数在某一点处当自变量有一个微小的改变量时,函数所取得的相应改变量,而用公式 $\Delta y = f(x+\Delta x) - f(x)$ 计算往往比较麻烦,于是我们想到要寻求一种当 Δx 很小时，能近似代替 Δy 并且容易计算的量.

【薄片面积的改变量】一个正方形金属薄片因受温度的影响，其边长由 x_0 变到 $x_0 + \Delta x$，问：此薄片的面积增长了多少？

设此薄片的边长为 x_0，则其面积为 $A = x_0^2$，则当边长发生改变时，相应面积的改变量为

$$\Delta A = (x_0 + \Delta x)^2 - x_0^2 = 2x_0 \Delta x + (\Delta x)^2$$

从上式可以看出，ΔA 分成两个部分.

第一部分 $2x_0 \Delta x$ 是 Δx 的线性函数，如图 1 - 3 - 2 所示，带有斜线的两个矩形面积之和，而第二个部分 $(\Delta x)^2$ 是图中带有交叉线的小正方形的面积.

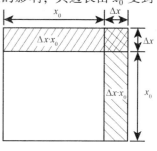

图 1 - 3 - 2

假设取 $x_0 = 1$，$\Delta x = 0.01$ 时，Δx 相对于 x_0 是一个微小的改变量，相应面积的改变量为 $\Delta A = (1 + 0.01)^2 - 1^2 = 2 \times 1 \times 0.01 + (0.01)^2 = 0.0201$.

虽然算出了面积改变量的精确值，但在实际应用中，一般保留小数点后两位，即取近似值 0.02，也就是说，面积改变量 ΔA 的第二个部分 $(\Delta x)^2$ 被省略了，这是因为 $(\Delta x)^2 = 0.0001$ 比 Δx 还要小，对 ΔA 的影响微乎其微，可以忽略不计.

当 $\Delta x \to 0$ 时，第二个部分 $(\Delta x)^2$ 是比 Δx 高阶的无穷小，即 $(\Delta x)^2$ 趋近于零的速度比 Δx 要快，而第一部分 $2x_0 \Delta x$ 中的 $2x_0$ 恰好是 x^2 在 x_0 处的导数，因此，ΔA 可改写为 $\Delta A = (x^2)'|_{x = x_0} \Delta x + \Delta x$ 的高阶无穷小.

【铁块体积的改变量】为了防止正方体铁块生锈，可以在其表面镀上一层不易生锈的金属锌，试问：镀锌后体积增加了多少？

设铁块的棱长为 x_0，体积为 $V = x_0^3$，镀锌后棱长改变量为 Δx，体积改变量为 ΔV，

$$\Delta V = (x_0 + \Delta x)^3 - x_0^3 = 3x_0^2 \Delta x + 3x_0 (\Delta x)^2 + (\Delta x)^3$$

假设取 $x_0 = 1$，$\Delta x = 0.01$ 时，Δx 相对于 x_0 是一个微小的改变量，相应体积改变量为

$$\begin{aligned}\Delta V &= (1 + 0.01)^3 - 1^3 \\ &= 3 \times 1^2 \times 0.01 + 3 \times 1 \times (0.01)^2 + (0.01)^3 \\ &= 0.030301 .\end{aligned}$$

虽然算出了体积改变量的精确值，但在实际应用中，一般保留小数点后两位，即取近似值 0.03，也就是说，体积改变量 ΔV 中 $3x_0 (\Delta x)^2 + (\Delta x)^3$ 部分被省略了，这是因为 $3x_0 (\Delta x)^2 + (\Delta x)^3 = 0.000301$ 比 Δx 还要小，对 ΔV 的影响微乎其微，可以忽略不计.

当 $\Delta x \to 0$ 时，$3x_0 (\Delta x)^2 + (\Delta x)^3$ 是比 Δx 高阶的无穷小，即 $3x_0 (\Delta x)^2 + (\Delta x)^3$ 趋近于零的速度比 Δx 要快，而第一部分 $3x_0^2 \Delta x$ 中的 $3x_0^2$ 恰好是 x^3 在 x_0 处的导数，因此，ΔV 可改写为 $\Delta V = (x^3)'|_{x = x_0} \Delta x + \Delta x$ 的高阶无穷小.

上述两个问题的实际意义不同,但都进行相同的数学运算,即函数的改变量可以等于函数在 x_0 的导数与自变量改变量 Δx 的乘积加上一个 Δx 的高阶无穷小之和,并且,当 Δx 很小时,函数的改变量可以近似等于这个乘积,并称其为函数的微分,下面给出函数微分的定义.

定义 1.5.3 如果函数 $y = f(x)$ 在点 x_0 处有导数 $f'(x_0)$,则称 $f'(x_0)dx$ 为 $y = f(x)$ 在点 x_0 处的微分,记作 $dy|_{x=x_0}$,即 $dy|_{x=x_0} = f'(x_0)dx$,此时,也称 $y = f(x)$ 在点 x_0 处可微.

例如,【薄片面积的改变量】中金属片面积的改变量 $\Delta A \approx dA|_{x=x_0} = (x^2)'|_{x=x_0} \Delta x = 2x_0 \Delta x$,【铁块体积的改变量】中铁块体积的改变量 $\Delta V \approx dV = (x^3)'|_{x=x_0} \Delta x = 3x_0^2 \Delta x$.

函数 $y = f(x)$ 在任意点 x 处的微分,叫作函数的微分,记作 $dy = f'(x)dx$. 经常用微分 dy 来近似代替 Δy,可以使计算更简便.

例 1 求函数 $y = \arctan \dfrac{1}{x}$ 在点 $x = 1$ 的微分 $dy|_{x=1}$.

解 $y' = \dfrac{-\dfrac{1}{x^2}}{1 + \dfrac{1}{x^2}} = -\dfrac{1}{1+x^2}$,

所以 $dy|_{x=1} = -\dfrac{1}{1+x^2}\bigg|_{x=1} dx = -\dfrac{1}{2}dx$.

例 2 求函数 $y = x^3 e^{2x}$ 的微分 dy.

解 $y' = 3x^2 e^{2x} + 2x^3 e^{2x} = x^2 e^{2x}(3 + 2x)$,

所以 $dy = y'dx = x^2 e^{2x}(3 + 2x)dx$.

下面讨论复合函数的微分.

设 $y = f(u)$ 及 $u = \varphi(x)$ 都可导,则复合函数 $y = f[\varphi(x)]$ 的微分为
$$dy = y'_x dx = f'(u)\varphi'(x)dx$$
由于 $\varphi'(x)dx = du$,因此,复合函数 $y = f[\varphi(x)]$ 的微分公式也可以写成
$$dy = f'(u)du \text{ 或 } dy = y'_u du$$

由此可见,无论 u 是自变量还是另一个变量的可微函数,微分形式 $dy = f'(u)du$ 保持不变. 这一性质称为微分形式不变性. 这个性质表示,当变换自变量时,微分形式 $dy = f'(u)du$ 并不改变.

例 3 求函数 $y = \sin(2x + 1)$ 的微分 dy.

解 把 $2x + 1$ 看成中间变量 u,则 $y = \sin u$,$u = 2x + 1$.
$$dy = d(\sin u) = \cos u du = \cos(2x+1)d(2x+1)$$

$$= \cos(2x+1) \cdot 2\mathrm{d}x = 2\cos(2x+1)\mathrm{d}x$$

在求复合函数的微分过程中，可以不写出中间变量.

例 4 求函数 $y = \ln(1 + \mathrm{e}^{x^2})$ 的微分 $\mathrm{d}y$.

解 $\mathrm{d}y = \mathrm{d}\ln(1 + \mathrm{e}^{x^2}) = \dfrac{1}{1 + \mathrm{e}^{x^2}}\mathrm{d}(1 + \mathrm{e}^{x^2})$

$$= \dfrac{1}{1 + \mathrm{e}^{x^2}} \cdot \mathrm{e}^{x^2}\mathrm{d}(x^2) = \dfrac{1}{1 + \mathrm{e}^{x^2}} \cdot \mathrm{e}^{x^2} \cdot 2x\mathrm{d}x = \dfrac{2x\mathrm{e}^{x^2}}{1 + \mathrm{e}^{x^2}}\mathrm{d}x.$$

另外，求复合函数的微分还可以直接用微分的定义 $\mathrm{d}y = f'(x)\mathrm{d}x$，即先求出复合函数的导数再乘以 $\mathrm{d}x$ 即可.

【基础练习 1 – 3】

1. 求下列函数的导数：

(1) $y = 3^x + x^3 + 3^2$；

(2) $y = 2\sqrt{x} - \dfrac{1}{x} + 4\sqrt{3} + \sin\dfrac{\pi}{4}$；

(3) $y = x^2(2 + \sqrt{x})$；

(4) $y = x^2 \cdot \sin x \cdot \mathrm{e}^x$；

(5) $y = \dfrac{\ln x}{x}$.

2. 求下列函数的导数：

(1) $y = \mathrm{e}^{-2x^3}$；

(2) $y = \cos(4 - 3x)$；

(3) $y = (\arcsin x)^4$；

(4) $y = \sin^4\dfrac{x}{2}$；

(5) $y = x^3 \cdot \mathrm{e}^{-2x} \cdot \sin 5x$；

(6) $y = 5^{x\ln x}$.

3. 利用隐函数的求导法则求下列函数的导数：

(1) $x^3 + y^3 - 3x^2y + 2 = 0$；

(2) $x\mathrm{e}^y + y\mathrm{e}^x = 2$.

4. 求下列函数的高阶导数：

(1) $y = (1 + x^2)\arctan x$，求 $\dfrac{\mathrm{d}^2 y}{\mathrm{d}x^2}$；

(2) $y = x^2\cos x$，求 $y''\left(\dfrac{\pi}{2}\right)$；

(3) $y = 2^x$，求 $y^{(n)}$；

(4) $y = x \cdot \mathrm{e}^x$，求 $\left.\dfrac{\mathrm{d}^n y}{\mathrm{d}x^n}\right|_{x=0}$.

5. 用洛必达法则求下列极限：

(1) $\lim\limits_{x \to 0} \dfrac{1 - \cos x}{x^2}$；

(2) $\lim\limits_{x \to 0} \dfrac{\mathrm{e}^x - \mathrm{e}^{-x}}{\sin x}$；

(3) $\lim\limits_{x \to \infty} \dfrac{\ln(1 + x^2)}{x}$；

(4) $\lim\limits_{x \to 1} \dfrac{x^3 - 3x^2 + 2}{x^3 - x^2 - x + 1}$；

(5) $\lim\limits_{x \to 0} x^2 \cdot \mathrm{e}^{\frac{1}{x}}$；

(6) $\lim\limits_{x \to 1}\left(\dfrac{x}{x - 1} - \dfrac{1}{\ln x}\right)$.

6. 求曲线 $y = \cos x$ 上点 $\left(\dfrac{\pi}{3}, \dfrac{1}{2}\right)$ 处的切线方程和法线方程.

7. 求下列函数的微分:

(1) $y = \sqrt{2 + 3x^2}$; 　　　　　　(2) $y = x\sin 3x$.

【提高练习1-3】

1. 设函数 $f(x)$ 在 $x = x_0$ 处可导,则 $\lim\limits_{\Delta x \to 0} \dfrac{f(x_0 + \Delta x) - f(x_0 - \Delta x)}{\Delta x} = (\qquad)$.

A. $f'(x_0)$ 　　　B. $2f'(x_0)$ 　　　C. 0 　　　D. $f'(2x_0)$

2. 设 $f(u)$ 可导,$y = f(2^x)$,则 $dy = (\qquad)$.

A. $2^x \ln 2 f'(2^x) dx$ 　　　　　　B. $\dfrac{2^x}{\ln 2} f'(2^x) dx$

C. $f'(2^x) dx$ 　　　　　　　　　　D. $2^x f'(2^x) dx$

3. 设 $y^{(n-2)} = x \ln x$,$n > 2$ 为常数,则 $y^{(n)} = (\qquad)$.

A. $(x + n) \ln x$ 　　　　　　B. $\dfrac{1}{x}$

C. $(-1)^n \dfrac{(n-2)!}{x^{n-1}}$ 　　　　D. 0

4. 设 $f(x) = \begin{cases} x^2 \sin \dfrac{1}{x}, & x > 0 \\ ax + b, & x \leq 0 \end{cases}$,在 $x = 0$ 处可导,则 $a = \underline{\qquad}$,$b = \underline{\qquad}$.

5. 设 $y = \ln \dfrac{\sqrt{x+1} - 1}{\sqrt{x+1} + 1}$,则 $dy = \underline{\qquad\qquad\qquad\qquad}$.

6. $y = (\tan x)^x + x^{\sin \frac{1}{x}}$,求 $y' = \underline{\qquad\qquad\qquad\qquad}$.

7. 曲线 $e^y + xy = e$ 在点 $P(0, 1)$ 处的切线方程为 $\underline{\qquad\qquad\qquad}$.

8. 已知 $f(x) = \begin{cases} x^2 \sin \dfrac{1}{x}, & x > 0 \\ \ln(1 - x^3), & x \leq 0 \end{cases}$,求 $f'(x)$.

9. 设函数 $y = \arctan e^x - \ln \sqrt{\dfrac{e^{2x}}{e^{2x} + 1}}$,求 $\left.\dfrac{dy}{dx}\right|_{x=1}$.

10. 利用洛必达法则求极限:

(1) $\lim\limits_{x \to 0} \dfrac{\sqrt{1 + 2\sin x} - x - 1}{x \ln(1 + x)}$;

(2) $\lim\limits_{x \to 0} \dfrac{(1 - \cos x)[x - \ln(1 + \tan x)]}{\sin^4 x}$.

【应用练习 1-3】

1. 【需求弹性】某人对消费品 x 的需求函数为 $Q = (100 - P)^2$，分别计算价格 $P = 60$，$P = 40$ 时的需求弹性．

2. 【需求的弧弹性】1986 年 7 月，某外国城市公共汽车票价从 32 美分提高到 40 美分，1986 年 8 月底乘客为 880 万人次，与 1985 年同期相比减少了 12%，求需求的弧弹性．

3. 【需求弹性与价格预测】某产品本月售价为 85 元/件，销售量为 4 000 件，经测定需求弹性为 -1.3，预计下月产量为 4 250 件，下月价格应定为多少？

4. 【需求弹性与价格】某企业生产一种商品，年需求量 Q 是价格 P 的线性函数 $Q = a - bP$（$a, b > 0$ 且为常数）．求：(1) 需求弹性；(2) 需求弹性等于 1 时的价格．

5. 【需求弹性与定价】某城市乘客对公交车票价的需求价格弹性为 0.6，票价为 1 元时日乘客量为 55 万人．市政府当局计划提价后，净减少的日乘客量控制为 10 万人，新的票价应定为多少？

6. 【扑克牌的弹性】假定扑克牌的市场需求方程为 $Q = 6 \times 10^6 - 10^6 P$，式中 Q 为每年对扑克牌的需求数，P 为价格，单位为美元．如果价格在每副牌 2 美元的基础上增加 1%，问：需求价格弹性是多少？并解释其经济含义．

7. 【需求弹性与总收益】某商品的需求量 Q 为价格 P 的函数 $Q = 150 - 2P^2$．
(1) 求 $P = 6$ 时的需求弹性，并说明其经济意义．
(2) 若价格下降 1%，总收益将变化百分之几？是增加还是减少？

8. 【需求弹性与产品定价】设汽油的需求弹性为 -0.15，其价格现为每加仑 1.20 美元，试问：汽油价格上涨多少美元才能使其消费量减少 10%？

9. 【需求弹性与产品定价】某企业计划年度预计生产并销售产品 25 000 件．上一年每件销售价格为 385 元，销售量为 18 500 件，价格弹性为 -3.8，经测定该产品的需求函数为线性函数 $Q = a - bp$（$a, b > 0$ 且为常数）．问：计划产品价格应定为多少较为合理？

应用四 简单的经济优化——最值问题

如何有效地利用稀缺资源实现资源的最优配置,是经济学和管理学永恒的话题.当然对不同的目标有不同的资源配置,有不同的决策方案.

一个企业拥有的资源主要是人、财、物等有形资产以及技术、专利、品牌、市场等无形资产,企业资源优化问题主要指企业有形资产资源的优化问题.由于企业是一个复杂的社会大系统,因此影响企业经营的因素成千上万.利用传统的管理模式与管理方法很难使企业供应链协调运转,以功能划分部门的管理模式只在本部门考虑资源配置问题,而无法兼顾其他部门和企业的整体利益.在一个部门看似最优的决策,从企业整体看可能是不优的甚至是低劣的,所以总体考虑,统筹兼顾,协调配置,实现总体效益的最大化,这才是最理想的方案.

这就要求我们学习经济优化的分析方法和相关知识.在这个应用模块里,我们将学习一些简单的经济优化模型和计算方法,为我们进一步学习经济优化建模问题打好基础.

●问题 1.4.1 工人上班何时效率最高

对某企业员工的工作效率研究表明,一个班次(8 小时)的中等水平员工早上 8:00 开始工作,在 t 小时后,生产的效率为 $Q(t) = -t^3 + 3t^2 + 9t$,试讨论该班次何时工作效率是提高的、何时工作效率又是下降的.

分析:工作效率由函数 $Q(t) = -t^3 + 3t^2 + 9t$ 决定,其提高与下降即为函数的单调增加与单调减少,本问题的讨论范围是 $[0, 8]$.这是一个一元三次函数,分析其单调性需要了解用导数求单调性、极值、最值的方法.

相关知识:导数与单调性;极值;最值和凹凸性

1. 导数与单调性

定理 1.4.1 设函数 $f(x)$ 在区间 $[a,b]$ 上连续,在区间 (a,b) 内可导.

函数的单调性

(1) 如果在 (a,b) 内,$f'(x) > 0$,那么函数 $f(x)$ 在 (a,b) 内单调增加(见图 1-4-1).

(2) 如果在 (a,b) 内,$f'(x) < 0$,那么函数 $f(x)$ 在 (a,b) 内单调减少(见图 1-4-2).

注:(1) 定理中的开区间换成其他各种区间(包括无穷区间).这个定理的结论仍成立.

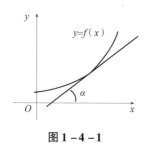
图 1-4-1

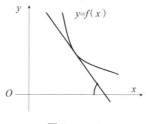
图 1-4-2

（2）如果函数的导数仅在一些离散点处为 0，而在其余点处都满足定理条件，则函数单调性结论仍成立．如 $f(x) = x^3$ 在 $(-\infty, +\infty)$ 内除 $x = 0$ 外，处处有 $f'(x) = 3x^2 > 0$，函数 $f(x) = x^3$ 在 $(-\infty, +\infty)$ 内仍是单调增加的．

2. 导数与极值

定义 1.4.1 设函数 $y = f(x)$ 在点 x_0 的附近有定义：

（1）如果对于点 x_0 的附近任意的 $x(x \neq x_0)$，总有 $f(x) < f(x_0)$，则称 $f(x_0)$ 为函数 $f(x)$ 的极大值，并且称点 x_0 是 $f(x)$ 的极大值点．

函数的极值

（2）如果对于点 x_0 的附近任意的 $x(x \neq x_0)$，总有 $f(x) > f(x_0)$，则称 $f(x_0)$ 为函数 $f(x)$ 的极小值，并且称点 x_0 是 $f(x)$ 的极小值点．

函数的极大值与极小值统称为函数的极值，极大值点与极小值点统称为极值点．

定义 1.4.1 告诉我们，极值只是函数在一个小范围内的最大的值和最小的值，因此，极值是函数的局部性态，而函数的最大值和最小值则是指在区域内的整体性态，两者不可混淆．

图 1-4-3 显示，一个函数可能有若干个极大值 $f(x_1), f(x_3)$ 和极小值 $f(x_2), f(x_4)$，而且有的极小值可能比极大值还大，如 $f(x_4) > f(x_1)$．同时这些极值都不是函数在定义区间上的最值．

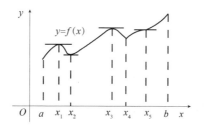
图 1-4-3

图 1-4-3 还显示出，极值点处如果有切线的话，一定是水平方向的．但有水平切线的点不一定是极值点．如曲线在点 x_5 处的切线是水平的，x_5 却不是极值点．

根据导数的几何意义，导数为零的点切线水平，因此把导数为零的点称为驻点．

函数的极值点只能在驻点和导数不存在的点中产生，但是驻点和导数不存在的点又不一定是极值点，因为驻点和导数是不是极值点，关键看该点左右两侧的单调性是否发生变化，也就是看该点左右两侧的导数符号是否发生变化．下面给出判断极值的充分条件．

定理 1.4.2 （极值判别法 I）设函数 $f(x)$ 在点 x_0 的附近连续且可导（允许 $f'(x_0)$ 不存在），当 x 由小增大经过 x_0 点时，若

(1) $f'(x)$ 由正变负，则 x_0 是极大值点；

(2) $f'(x)$ 由负变正，则 x_0 是极小值点；

(3) $f'(x)$ 不改变符号，则 x_0 不是极值点．

利用定理 1.4.2 判断函数的极值时，需考查函数的驻点和导数不存在的点左右附近的导数符号，但有时比较复杂和困难．如果函数在驻点存在二阶导数，那么用二阶导数的符号会更方便一些．

定理 1.4.3 （极值判别法 II）设函数 $f(x)$ 在点 x_0 处有二阶导数，且 $f'(x_0) = 0$，

(1) 若 $f''(x_0) < 0$，则函数 $f(x)$ 在点 x_0 处取得极大值；

(2) 若 $f''(x_0) > 0$，则函数 $f(x)$ 在点 x_0 处取得极小值；

(3) 若 $f''(x_0) = 0$，则不能判断 $f(x_0)$ 是否取得极值．

注：对于 $f''(x_0) = 0$ 的情形：$f(x_0)$ 可能是极大值，可能是极小值，也可能不是极值．例如 $f(x) = -x^4$，$f''(0) = 0$，$f(0) = 0$ 是极大值；$g(x) = x^4$，$g''(0) = 0$，$g(0) = 0$ 是极小值；$\varphi(x) = x^3$，$\varphi''(0) = 0$，但 $\varphi(0) = 0$ 不是极值．因此，当 $f''(x_0) = 0$ 时，第二判别法失效，只能用第一判别法判断．

3. 导数与凹凸性

定义 1.4.2 如果在某区间内，曲线弧位于其上任意一点的切线的上方，则称曲线在这个区间内是上凹的或凹的，如图 1-4-4 所示；如果在某区间内，曲线弧位于其上任意一点的切线的下方，则称曲线在这个区间内是下凹的或凸的，如图 1-4-5 所示．

曲线的凹向与拐点

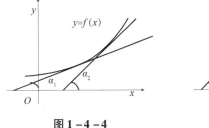

图 1-4-4

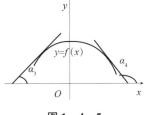

图 1-4-5

定理 1.4.4 设函数 $f(x)$ 在区间 (a,b) 内存在二阶导数：

(1) 若 $a < x < b$ 时，恒有 $f''(x) > 0$，则曲线 $y = f(x)$ 在 (a,b) 内上凹（凹）；

(2) 若 $a < x < b$ 时，恒有 $f''(x) < 0$，则曲线 $y = f(x)$ 在 (a,b) 内下凹（凸）．

因为 $f''(x) > 0$ 时，$f'(x)$ 单调增加，$\tan \alpha$ 从小变大，由图 1-4-4 可见曲线上凹；反之，当 $f''(x) < 0$ 时，$f'(x)$ 单调减少，$\tan \alpha$ 从大变小，由图 1-4-5 可见曲线下凹．

定义 1.4.3 曲线上上凹与下凹的分界点称为曲线的拐点．

问题 1.4.1 解答

由 $Q'(t) = -3t^2 + 6t + 9 = -3(t^2 - 2t - 3) = 0$，得 $t = 3$（负值舍去）．

当 $0 < t < 3$ 时，$Q'(t) > 0$，即 11：00 以前工作效率是提高的；

当 $3 < t < 8$ 时，$Q'(t) < 0$，即 11：00 以后工作效率是下降的．

4. 导数与最值

对于闭区间 $[a,b]$ 上的连续函数 $f(x)$，必定存在最大值和最小值，并且最大值和最小值只能在极值点或端点上取得．

函数的最值

如图 1-4-6 所示，x_1, x_2, x_3 是驻点，x_4 是不可导的但是连续的点，a, b 是端点，比较 $f(a), f(b), f(x_1), f(x_2), f(x_3), f(x_4)$，其中 $f(x_4)$ 为最大值，$f(b)$ 为最小值．

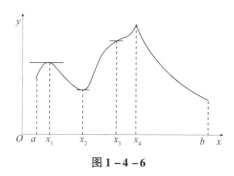

图 1-4-6

因此，只要求出函数 $f(x)$ 的所有极值和端点值，它们之中最大的就是最大值，最小的就是最小值．

在实际问题中，如果函数 $f(x)$ 在某区间内只有唯一的一个驻点 x_0，而且从实际问题本身又可以知道 $f(x)$ 在该区间内必定有最大值或最小值，那么 $f(x_0)$ 就是所要求的最大值或最小值，不必与区间的端点值比较了．

● **问题 1.4.2　酒瓶对酒厂利润的影响**

某制造商制造并出售球形瓶装的某种酒，瓶子的制造成本是 $0.8\pi r^2$（分），其中 r 是瓶的半径（单位：厘米）．设每售出 1 立方厘米的酒，商人可获毛利润 0.2 分，他能制作的瓶子的最大半径为 6 厘米，问：

（1）瓶子半径多大时，能使每瓶酒获利最大？

（2）瓶子半径多大时，每瓶酒获利最少？

问题 1.4.2 解答

每瓶酒能获利：$L(r) = 0.2 \times \dfrac{4}{3}\pi r^3 - 0.8\pi r^2 = 0.8\pi\left(\dfrac{r^3}{3} - r^2\right)$，$r \in (0,6]$.

令 $L'(r) = 0.8\pi(r^2 - 2r) = 0$，得 $r = 2$. 又 $L''(2) = 0.8\pi(2 \times 2 - 2) > 0$，则 $r = 2$ 是 $(0,6)$ 内唯一的极小值点，即最小值点. $r = 6$ 时，$L(r)$ 可达最大值. 所以半径越大获利越多, 半径为 2 厘米时获利最少.

此问题中 $L(3) = 0$，当 $r \in (0,3)$ 时，$L(r) < 0$，此时制造商亏损, 若想获利必须以更高的价格出售, 所以市场上小包装的货物一般比大包装的货物要贵些.

● **问题 1.4.3　最佳销售方案与最大利润**

一玩具经销商独家销售某种玩具, 经销商的收入函数为
$$R(q) = 7.2q - 0.001q^2, q \in [0, 6\,000]\ (q\ 为销售量)$$
成本函数为 $C(q) = 2.4q - 0.000\,2q^2$, $q \in [0, 6\,000]$. 求该经销商的最佳销售方案及最大利润.

问题 1.4.3 解答

经销商的最佳销售方案就是利润最大时的方案, 所以先求利润函数
$$L(q) = R(q) - C(q) = 4.8q - 0.000\,8q^2, q \in [0, 6\,000]$$
现在来求利润函数的最大值：

由 $L'(q) = 4.8 - 0.001\,6q = 0$ 得唯一驻点 $q = 3\,000$. 又 $L''(q) = -0.001\,6 < 0$, 所以 $q = 3\,000$ 时取到极大值（也是最大值）.

所以利润函数的最大值为 $L(3\,000) = 7\,200$.

注：这是一个一元二次函数, 也可以用二次函数的方法来求最大值.

● **问题 1.4.4　商品征税问题**

某商家的一种商品的价格 $P = 7 - 0.2Q$（万元/吨），Q 为销售量, 商品的成本函数为 $C(Q) = 3Q + 1$（万元）.

（1）若每销售一吨商品, 政府要征税 t（万元），求该商家获得最大利润时的销售量和价格；

（2）t 为何值时, 政府的税收总额最大？

问题 1.4.4 解答

（1）商家的税后利润为
$$\begin{aligned}L(Q) &= R(Q) - C(Q) - T(Q) \\ &= PQ - (3Q + 1) - tQ \\ &= (7 - 0.2Q)Q - (3Q + 1) - tQ \\ &= 0.2Q^2 + (4 - t)Q - 1\end{aligned}$$

令 $L'(Q) = -0.4Q + 4 - t = 0$，得唯一驻点 $Q = \dfrac{5}{2}(4 - t)$.

则该商家获得最大利润时的销售量为 $Q = \dfrac{5}{2}(4 - t)$（吨）. 此时，价格应定为

$$P = 7 - 0.2 \times \dfrac{5}{2}(4 - t) = 5 - 0.5t\ (万元/吨)$$

（2）政府税收总额 $T(t) = tQ = \dfrac{5}{2}(4 - t)t = -\dfrac{5}{2}t^2 + 10t (0 < t < 4)$.

令 $T'(t) = -5t + 10 = 0$，得 $t = 2$.

则在每吨商品征税 2 万元时，政府的税收总额最大.

● **问题 1.4.5 如何确定利率**

某房地产信贷公司可从银行以 5% 的年利率借得贷款，然后又将此款贷给购房者. 若它能贷出的款额与它贷的利率的平方成反比，问：以多大的年利率贷出能使该公司获利润最大？

问题 1.4.5 解答

设贷出的年利率为 r，则贷出的款额为 $\dfrac{k}{r^2}$，$k > 0$ 且为常数. 公司所获利润为

$$L = (r - 0.05)\dfrac{k}{r^2} = \dfrac{k}{r} - \dfrac{0.05k}{r^2}$$

令 $L' = -\dfrac{k}{r^2} + \dfrac{0.1k}{r^3} = 0$，得唯一驻点 $r = 0.1$. 又 $L'' = \dfrac{2k}{r^3} - \dfrac{0.3k}{r^4}$，$L''(0.1) = -1\,000k < 0$，则在贷出利率为 10% 时，信贷公司可获得最大利润.

知识拓展

1. 讨论函数 $y = f(x)$ 的单调性的步骤：

（1）确定函数的定义域.

（2）求出导数 $f'(x)$，求出使 $f'(x) = 0$ 和 $f'(x)$ 不存在的点.

（3）以这些点为分界点，将定义域分为若干个子区间；以列表分析的形式在各个子区间讨论 $f'(x)$ 的符号，从而判定出函数的单调性.

（4）写出结论.

例 1 确定函数 $f(x) = 36x^5 + 15x^4 - 40x^3 - 7$ 的单调区间.

解 这个函数的定义域为 $(-\infty, +\infty)$

$$f'(x) = 180x^4 + 60x^3 - 120x^2 = 60x^2(x + 1)(3x - 2)$$

解方程 $f'(x) = 0$，得 $x = -1$，$x = 0$，$x = \dfrac{2}{3}$.

列表分析：

x	$(-\infty, -1)$	-1	$(-1, 0)$	0	$\left(0, \dfrac{2}{3}\right)$	$\dfrac{2}{3}$	$\left(\dfrac{2}{3}, +\infty\right)$
$f'(x)$	$+$	0	$-$	0	$-$	0	$+$
$f(x)$	↗		↘		↘		↗

故 $f(x)$ 在区间 $\left(-1, \dfrac{2}{3}\right)$ 内单调减少；在区间 $(-\infty, -1)$，$\left(\dfrac{2}{3}, +\infty\right)$ 内单调增加．

例 2 确定函数 $f(x) = 1 - \sqrt[3]{(x-2)^2}$ 的单调性．

解 定义域为 $(-\infty, +\infty)$，$f'(x) = -\dfrac{2}{3}(x-2)^{-\frac{1}{3}}$，

没有导数为零的点，但 $x = 2$ 为导数不存在的点．

列表分析：

x	$(-\infty, 2)$	2	$(2, +\infty)$
$f'(x)$	$+$	不存在	$-$
$f(x)$	↗		↘

故 $f(x)$ 在 $(-\infty, 2)$ 内单调增加，在 $(2, +\infty)$ 内单调减少．

利用导数判定函数的单调性还可以用来证明一些不等式．

例 3 求证当 $x > 0$ 时，有 $e^x > 1 + x$．

证 令 $f(x) = e^x - 1 - x$，则
$$f'(x) = e^x - 1 > 0 \quad (x > 0)$$
于是 $f(x)$ 在 $(0, +\infty)$ 内单调增加．即 $f(x) > f(0)$．

而 $f(0) = e^0 - 1 - 0 = 0$，故 $f(x) > 0$．

亦即 $e^x > 1 + x$．证毕．

2. 求极值的步骤：

(1) 求出函数 $f(x)$ 的定义域；

(2) 求导数 $f'(x)$，令 $f'(x) = 0$，求出 $f(x)$ 在定义域内的所有驻点，以及 $f'(x)$ 不存在的点；

(3) 用判别法 I 或判别法 II 分别考查每一个驻点或导数不存在的点是否为极值点，是极大值点还是极小值点；

(4) 求出各极值点的函数值．

例 1 求函数 $f(x) = x - \dfrac{3}{2}x^{\frac{2}{3}}$ 的极值．

解 函数的定义域为 $(-\infty, +\infty)$,$f'(x) = 1 - x^{-\frac{1}{3}} = \dfrac{\sqrt[3]{x}-1}{\sqrt[3]{x}}$.

令 $f'(x) = 0$,解得 $x = 1$. 当 $x = 0$ 时,$f'(x)$ 不存在.
列表分析:

x	$(-\infty, 0)$	0	$(0, 1)$	1	$(1, +\infty)$
$f'(x)$	+	不存在	−	0	+
$f(x)$	↗	极大值 0	↘	极小值 $-\dfrac{1}{2}$	↗

故函数极大值为 $f(0) = 0$,极小值为 $f(1) = -\dfrac{1}{2}$.

例 2 求函数 $f(x) = x^3 - 3x^2 - 9x + 1$ 的极值.

解 函数的定义域为 $(-\infty, +\infty)$.
$$f'(x) = 3x^2 - 6x - 9 = 3(x+1)(x-3)$$
令 $f'(x) = 0$,解得 $x = -1, x = 3$.
$$f''(x) = 6x - 6$$
$f''(-1) = -12 < 0$,所以 $x = -1$ 是极大值点. $f(x)$ 的极大值为 $f(-1) = 6$.
$f''(3) = 12 > 0$,所以 $x = 3$ 是极小值点. $f(x)$ 的极小值为 $f(3) = -26$.

3. 求曲线凹向和拐点步骤

(1) 求函数的定义域.

(2) 求函数的一阶导数 $f'(x)$ 和二阶导数 $f''(x)$;令 $f''(x) = 0$,解出全部根,并求出所有二阶导数不存在的点.

(3) 以这些点为分界点,将定义域分为若干个子区间;以列表分析的形式在各个子区间讨论 $f''(x)$ 的符号,从而判定出曲线的凹向区间与拐点.

(4) 写出结论.

例 1 求曲线 $y = x^4 - 2x^3 + 1$ 的凹向区间与拐点.

解 函数的定义域为 $(-\infty, +\infty)$,
$y' = 4x^3 - 6x^2$,$y'' = 12x^2 - 12x = 12x(x-1)$.
令 $y'' = 0$,解得 $x = 0, x = 1$.
列表分析:(为了清楚起见,表中"∪"表示上凹,"∩"表示下凹.)

x	$(-\infty, 0)$	0	$(0, 1)$	1	$(1, +\infty)$
$f''(x)$	+	0	−	0	+
$f(x)$	∪	拐点 $(0, 1)$	∩	拐点 $(1, 0)$	∪

故曲线在区间 $(-\infty, 0)$ 及 $(1, +\infty)$ 上凹，在区间 $(0,1)$ 下凹，$(0,1)$ 和 $(1,0)$ 是它的两个拐点．

例2 求曲线 $y = 2 + (x-4)^{\frac{1}{3}}$ 的凹向区间与拐点．

解 函数的定义域为 $(-\infty, +\infty)$，

$$y' = \frac{1}{3}(x-4)^{-\frac{2}{3}}, \quad y'' = -\frac{2}{9}(x-4)^{-\frac{5}{3}}$$

y'' 在 $(-\infty, +\infty)$ 内恒不为零，但 $x = 4$ 时，y'' 不存在．
列表分析：

x	$(-\infty, 4)$	4	$(4, +\infty)$
$f''(x)$	+	不存在	-
$f(x)$	∪	拐点 (4, 2)	∩

故曲线在 $(-\infty, 4)$ 内是上凹的，在 $(4, +\infty)$ 内是下凹的，所以 $(4, 2)$ 是曲线的拐点．

4. 求连续函数 $f(x)$ 在闭区间 $[a, b]$ 上的最大值和最小值的方法如下：

(1) 求出 $f(x)$ 在 (a, b) 内的所有驻点和一阶导数不存在的连续点，并计算各点的函数值．

(2) 求出端点的函数值 $f(a)$ 和 $f(b)$．

(3) 比较前面求出的所有函数值，其中最大的就是 $f(x)$ 在 $[a, b]$ 上的最大值 M，最小的就是 $f(x)$ 在 $[a, b]$ 上的最小值 m．

例1 求函数 $f(x) = \sqrt[3]{x^2} + 1$ 在 $[-1, 2]$ 上的最大值与最小值．

解 $f'(x) = \dfrac{2}{3\sqrt[3]{x}}$，令 $f'(x) = 0$，方程无解．当 $x = 0$ 时，$f'(x)$ 不存在．

由于 $f(0) = 1, f(-1) = 2, f(2) = \sqrt[3]{4} + 1$，因此 $f(x)$ 在 $[-1, 2]$ 上的最大值为 $f(2) = \sqrt[3]{4} + 1$，最小值为 $f(0) = 1$．

注：(1) 极值与最值的比较：①极值是局部性的，最值是全局性的；②极值一定在区间内部取得，最值可在区间端点取得；③极值可以有多个，而最值唯一．

(2) 实际问题中最值问题的求法：①建立目标函数；②求出目标函数在定义区间内的最值点；③按问题的要求写出结论．

例2 【货场设置问题】设铁路边上离工厂 C 最近的点 A 距工厂 20 千米，铁路边上 B 城距 A 200 千米，现要在铁路线 AB 上选一点 D 修筑一条公路，已知铁路与公路每吨千米的货运费之比为 3:5，问：D 选在何处时，才能使产品从工厂 C 运到 B 城的每吨货物的总运费最省？（见图 1-4-7）

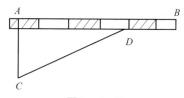

图 1-4-7

解 设点 D 选在距离 A 处 x 千米,又设铁路与公路的每吨千米货运费分别为 $3k$,$5k$(k 为常数),则产品从 C 处运到 B 城的每吨总运费为

$$y = 5k \cdot CD + 3k \cdot BD$$
$$= 5k\sqrt{400 + x^2} + 3k(200 - x) \quad (0 \leq x \leq 200)$$

因为 $y' = 5k\dfrac{x}{\sqrt{400 + x^2}} - 3k = \dfrac{k(5x - 3\sqrt{400 + x^2})}{\sqrt{400 + x^2}}$,

令 $y' = 0$,即 $5x = 3\sqrt{400 + x^2}$,得 $x = 15$.

将 $y|_{x=15} = 680k$,与闭区间 $[0,200]$ 端点的函数值比较,由于

$$y|_{x=0} = 700k,\ y|_{x=200} = 5\sqrt{40\ 400}k > 1\ 000k$$

因此当点 D 选在距离点 A 15 千米处,这时每吨货物的总运费最省.

在实际问题中,如果函数 $f(x)$ 在某区间内只有唯一的驻点 x_0,而且从实际问题本身又可以知道 $f(x)$ 在该区间内必定有最大值或最小值,那么 $f(x_0)$ 就是所要求的最大值或最小值,不必与区间的端点值比较了.

例3 【最小平均成本问题】某厂生产某种产品的成本函数为 $C(q) = 9\ 000 + 40q + 0.001q^2$,求平均成本最小时的产量.

解 平均成本函数为

$$\overline{C}(q) = \frac{C(q)}{q} = \frac{9\ 000 + 40q + 0.001q^2}{q} = \frac{9\ 000}{q} + 40 + 0.001q$$

$$\overline{C}'(q) = -\frac{9\ 000}{q^2} + 0.001$$

由 $\overline{C}'(q) = 0$ 得驻点为 $q = 3\ 000$($q = -3\ 000$ 舍去).

因为 $q = 3\ 000$ 是唯一的驻点,而平均成本必定有最小值,所以 $q = 3\ 000$ 就是最小值点. 即平均成本最小时的产量为 $3\ 000$.

【基础练习 1-4】

1. 求下列函数的单调区间和极值:
   (1) $y = 2x^3 - 6x^2 - 18x - 13$; (2) $y = x - e^x$;
   (3) $y = 2x^2 - \ln x$; (4) $y = 2 - (x-1)^{\frac{2}{3}}$.
2. 求下列曲线的凹向和拐点:

(1) $y = x^3 - 5x^2 + 3x - 5$；　　　　　(2) $y = (x-1)\sqrt[3]{x^2}$.

3. 求函数 $f(x) = x^3 - 3x^2 - 9x + 5$ 在区间 $[-4, 4]$ 上的最大值和最小值.

【提高练习 1-4】

1. 已知函数 $f(x) = \dfrac{2x-1}{(x-1)^2}$，求（1）函数的单调区间和极值；（2）函数图形的凹向和拐点.

2. 求曲线 $f(x) = x\sqrt{1-x^2}$ 的凹向和拐点.

3. 证明：当 $0 < x < 2$ 时，$\ln x \geq \dfrac{x}{4} - \dfrac{3}{4x} + \dfrac{1}{2}$.

4. 证明：当 $x \geq 0$ 时，有 $xe^{-x} \leq \ln(1+x)$.

5. 证明：当 $x > 0$ 时，有 $\ln\left(1 + \dfrac{1}{x}\right) > \dfrac{2}{2x+1}$.

【应用练习 1-4】

1. 【最大利润问题】某厂生产某种产品，其固定成本为 3 万元，每生产一百件产品，成本增加 2 万元. 其总收入 R（单位：万元）是产量 q（单位：百件）的函数：$R = 5q - \dfrac{1}{2}q^2$，求达到最大利润时的产量.

2. 【最小成本问题】已知某个企业的成本函数为 $C = q^3 - 9q^2 + 30q + 25$，其中 C 表示成本（单元：千元），q 表示产量（单位：吨），求平均可变成本 y（单位：千元）的最小值.

3. 【旅行社的利润】旅行社为某旅游团包飞机去旅游，其中旅行社的包机费为 1.5 万元，旅游团中每人的飞机票按以下方式与旅行社结算：若旅游团的人数在 30 人或 30 人以下，飞机票每张收费 900 元；若旅游团的人数多于 30 人，则给予优惠，每多 1 人，每张机票减少 10 元，但旅游团的人数最多有 75 人，那么旅游团的人数为多少时，旅行社可获得的利润最大？

4. 【机车的最佳行驶速度】一辆汽车每小时花费的燃料费用为 $kv^2 + 100$（美元），其中 k 为常数，v 为机动车的行驶速度（英里①时），当速度为每小时 25 英里时，每小时需花费 125 美元，求使每英里所花燃料费最低的速度.

5. 【如何确定最优广告量】强生公司的收入函数为 $R = 500 + 50A - A^2$，A 为广告产量. 如果每单位广告成本为 4 万美元，试确定最优广告量，使总利润最大.

6. 【房租定为多少合适】房地产公司有 50 套公寓要出租. 当租金定为每月每套 180 元时，公寓会全部租出去. 租金每增加 10 元，就会有一套公寓租不出去，

---

① 1 英里 = 1.609 344 千米.

租出去的房子每月每套需花费 20 元的整修维护费. 试问：租金为多少可获得最大收入？

7. 生产某种产品 q 个单位时的费用为 $C(q) = 5q + 200$，收入函数为 $R(q) = 10q - 0.01q^2$，问：每批生产多少个单位，才能使利润最大？

8. 设某厂每天生产某种产品 q 单位时的总成本函数为 $C(q) = 0.5q^2 + 36q + 9\,800$，问：每天生产多少单位的产品时，其平均成本最低？

【数学文化聚焦】蜂窝猜想

  加拿大科学记者德富林在《环球邮报》上撰文称，经过 160 年努力，数学家终于证明蜜蜂是世界上工作效率最高的建筑者．

  公元 4 世纪，古希腊数学家佩波斯提出，蜂窝的优美形状，是自然界最有效劳动的代表．他猜想，人们所见到的截面呈六边形的蜂窝，是蜜蜂采用最少量的蜂蜡建造成的．他的这一猜想称为"蜂窝猜想"，但这一猜想一直没有人能证明．

  美国密歇根大学数学家黑尔宣称，他已破解这一猜想．

  蜂窝是一座十分精密的建筑工程．蜜蜂建巢时，青壮年工蜂负责分泌片状新鲜蜂蜡，每片只有针头大小．而另一些工蜂则负责将这些蜂蜡仔细摆放到一定的位置，以形成竖直六面柱体．每一面蜂蜡隔墙厚度及误差都非常小．六面隔墙宽度完全相同，墙之间的角度正好 120 度，形成一个完美的几何图形．人们一直疑问，蜜蜂为什么不让其巢室呈三角形、正方形或者其他形状呢？隔墙为什么呈平面，而不是呈曲面呢？虽然蜂窝是一个三维体建筑，但每一个蜂巢都是六面柱体，而蜂蜡墙的总面积仅与蜂巢的截面有关，由此引出一个数学问题，即寻找面积最大、周长最小的平面图形．

  1973 年，匈牙利数学家陶斯巧妙地证明，在所有首尾相连的正多边形中，正六边形的周长是最小的．但如果多边形的边是曲线，会发生什么情况呢？陶斯认为，正六边形与其他任何形状的图形相比，它的周长最小，但他不能证明这一点．而黑尔在考虑了周边是曲线时，无论是曲线向外凸，还是向内凹，都证明了众多正六边形组成的图形周长最小．他已将 19 页的证明过程放在互联网上，许多专家都已看到这一证明，认为黑尔的证明是正确的．

  蜂窝结构的工程设计应用广泛，特别是在航天工业中对减轻飞机重量，节约材料，减少人力集中，增加疲劳寿命，降低成本等都有重要意义．

  自然的调和与规律，从宇宙星辰到微观的 DNA 的构造，都可用数与形来表达，并且结晶在数学的美之中．大自然无穷的宝藏，不但给我们提供研究的题材，而且还启示研究方法．

应用五 边际分析——不定积分

边际分析与弹性分析一样,也是导数在经济分析中的重要应用之一,两者都是经济分析中最基本的分析方法. 边际分析源于数学中的增量分析,是考查一个或几个自变量发生微小变动时,因变量如何随之变动. 边际分析把导数引入了经济学,从此,许多经济现象开始由定性分析转入了定量分析. 西方经济学家非常重视边际分析方法,把边际分析方法的发现和应用看作一场"边际革命". 自19世纪70年代"边际革命"兴起后,边际概念和边际分析法立刻广泛传播,并构成西方经济学的重要组成部分.

● 问题 1.5.1 增产 1 吨,利润如何变化?

如果某产品投放市场获得的利润 L 是日产量 q(吨)的函数
$$L(q) = 240q - 3q^2 - 1\,500$$
问:

(1) 当日产量为 30 吨时,再增产 1 吨,利润如何变化?

(2) 当日产量为 39 吨时,再增产 1 吨,利润如何变化?

(3) 当日产量为 40 吨时,再增产 1 吨,利润如何变化?

(4) 当日产量为 45 吨时,再增产 1 吨,利润如何变化?

(5) 日产量为多少吨时利润最大?

(6) 当日产量为 q_0 吨时,再增产 1 吨,利润的变化情况如何?

问题 1.5.1 解答

(1) 产量为 30 吨时再增产 1 吨就是 31 吨,求利润变化就是求 $\Delta L = L(31) - L(30)$ 的值,$\Delta L = L(31) - L(30) = 3\,057 - 3\,000 = 57$.

(2) 产量为 39 吨时再增产 1 吨就是 40 吨,求利润变化就是求 $\Delta L = L(40) - L(39)$ 的值,$\Delta L = L(40) - L(39) = 3\,300 - 3\,297 = 3$.

(3) 产量为 40 吨时再增产 1 吨就是 41 吨,求利润变化就是求 $\Delta L = L(41) - L(40)$ 的值,$\Delta L = L(41) - L(40) = 3\,297 - 3\,300 = -3$.

(4) 产量为 45 吨时再增产 1 吨就是 46 吨,求利润变化就是求 $\Delta L = L(46) - L(45)$ 的值,$\Delta L = L(46) - L(45) = 3\,192 - 3\,225 = -33$.

(5) 由 (2) 和 (3) 知:当日产量为 40 吨时少生产 1 吨或多生产 1 吨,利润都将减少 3,所以日产量 40 吨是个限值,超过或低于这个产量利润都会减少,也就是说,当日产量为 40 吨时,利润最大.

也可由二次函数 $L(q) = 240q - 3q^2 - 1\,500$,得 $q = -\dfrac{240}{2 \times (-3)} = 40$ 时,利润函数的最大值为 $L(40) = 3\,300$.

(6) 当日产量 q_0 吨时,再增产 1 吨,利润的变化为
$$\Delta L = L(q_0 + 1) - L(q_0) = 237 - 6q_0$$

上述问题计算了产量每变化 1 个单位时利润的变化情况,这在经济学上就是边际利润问题,也就是边际分析.

相关知识:边际成本;边际收入;边际利润;边际需求

一般地,在经济学中,某经济总量函数的导数称为该经济量的边际函数,即经济变量的变化率. 利用导数研究经济变量的边际变化的方法,即边际分析法,是经济理论中的一个重要方法,有极为重要的意义. 根据边际函数与边际量的求法及它们所表示的经济学含义,我们就可以对一些经济现象进行量化的"边际分析".

1. 边际成本

设某产品产量为 q 单位时所需的总成本为 $C = C(q)$. 总成本 $C(q)$ 关于产量 q 的导数称为边际成本,其经济含义为:当产量为 q 时,再多生产一个单位产品($\Delta q = 1$)所增加的成本.

2. 边际收入

设某产品的销售量为 q 时的收入函数为 $R = R(q)$. 总收入函数 $R(q)$ 关于销售量 q 的导数称为边际收入. 其经济含义为:当销售量为 q 时,再多销售一个单位产品($\Delta q = 1$)所增加的收入.

3. 边际利润

设某产品的销售量为 q 时的利润函数为 $L = L(q)$,称 $L'(q)$ 为销售量为 q 时的边际利润,其经济含义为:当销售量为 q 时,再多销售一个单位产品($\Delta q = 1$)所增加的利润.

$L'(q) = R'(q) - C'(q)$. 即边际利润为边际收入与边际成本之差.

在问题 1.5.1 中,当日产量为 $q = 40$ 时所获利润,此时边际利润 $L'(40) = 240 - 6 \times 40 = 0$,这表明:当 $L'(q) = 0$ 即 $R'(q) = C'(q)$ 时所获利润最大. 由此得到经济学中的一条著名定律:当边际收入等于边际成本时利润最大.

4. 边际需求

设某产品的价格为 p 时的需求函数为 $Q = Q(p)$,当 $Q(p)$ 可导时,称 $Q'(p)$ 为价格为 p 时的边际需求,其经济含义为:当价格为 p 时,价格上涨(或下降)1 单位,需求量将减少(或增加)的数量.

● **问题 1.5.2　总成本、平均成本与边际成本**

某产品产量为 q(单位:吨)时,总成本函数(单位:元)为
$$C(q) = 1\,000 + 7q + 50\sqrt{q}$$

求：

(1) 产量为 100 吨时的总成本；

(2) 产量为 100 吨时的平均成本；

(3) 产量从 100 吨增加到 225 吨时，总成本的平均变化率；

(4) 产量为 100 吨时，总成本的变化率（边际成本）．

问题 1.5.2 解答

(1) 产量为 100 吨时的总成本为
$$C(100) = 1\,000 + 7 \times 100 + 50\sqrt{100} = 2\,200\,(元)$$

(2) 产量为 100 吨时的平均成本为 $\bar{C}(100) = \dfrac{C(100)}{100} = 22\,(元/吨)$．

(3) 产量从 100 吨增加到 225 吨时，总成本的平均变化率为
$$\frac{\Delta C}{\Delta q} = \frac{C(225) - C(100)}{225 - 100} = \frac{3\,325 - 2\,200}{125} = 9\,(元/吨)$$

(4) 产量为 100 吨时，总成本的变化率即边际成本为
$$C'(100) = (1\,000 + 7q + 50\sqrt{q})'\bigg|_{q=100} = \left(7 + \frac{25}{\sqrt{q}}\right)\bigg|_{q=100} = 9.5\,(元)$$

这个结论的经济含义是：当产量为 100 吨时，再多生产 1 吨所增加的成本为 9.5 元．

●问题 1.5.3 需求的变化速度与边际收入

某产品由一企业垄断生产，其产品的需求函数为 $q = 100 - 5p$，求：

(1) 需求的变化速度并说明其经济含义；

(2) 边际收入函数，以及 $q = 49, 50, 51$ 时的边际收入并说明其经济含义；

(3) 企业产量为多少时收入最大？

问题 1.5.3 解答

(1) 需求的变化速度就是需求的变化率，即边际需求 $q' = -5$，其经济含义：当价格为 p 时，价格上涨 1 单位，需求量将减少 5 单位．

(2) 收入函数为 $R(q) = pq$，式中的销售价格 p 需要从需求函数中反解出来，即 $p = \dfrac{1}{5}(100 - q)$，于是收入函数为 $R(q) = \dfrac{1}{5}(100 - q)q$，边际收入函数为 $R'(q) = \dfrac{1}{5}(100 - 2q)$．

$R'(49) = 0.4$，经济含义：当产量为 49 时，再增加 1 单位产量，收入将增加 0.4 单位；

$R'(50) = 0$，经济含义：当产量为 50 时，再增加 1 单位产量，收入将保持不

变；

$R'(51) = -0.4$，经济含义：当产量为 51 时，再增加 1 单位产量，收入将减少 0.4 单位．

（3）当 $q < 50$ 时，$R'(q) > 0$，此时产量增加使收入增加；当 $q > 50$ 时，$R'(q) < 0$，此时产量增加使收入减少．由此可见，当产量为 50 时收入最大．

● **问题 1.5.4**　**由边际储蓄倾向求储蓄函数**

设 S 为居民储蓄额，R 为居民收入，已知边际储蓄倾向 $\dfrac{dS}{dR} = 0.5 - 0.2R^{-0.5}$，$R = 25$ 时，$S = -3.5$，求储蓄函数．若收入从 36 变为 49，储蓄将如何变化？

分析：储蓄函数是储蓄额 S 关于收入 R 的函数，可设为 $S = S(R)$，而已知边际储蓄倾向就是 $S = S(R)$ 关于 R 的导数 $\dfrac{dS}{dR} = S'(R)$．现在的问题是由已知储蓄函数的导数 $S'(R)$ 求原来的储蓄函数 $S = S(R)$，这是已知导数求原函数的问题，所以我们需要了解由已知导数求原函数的相关知识和计算公式．

相关知识：原函数；不定积分

1. 原函数的概念

定义 1.5.1　设函数 $f(x)$ 在区间 I 上有定义．如果存在函数 $F(x)$，对于该区间上任意一点 x，都有 $F'(x) = f(x)$，则称函数 $F(x)$ 是函数 $f(x)$ 在 I 上的一个原函数．

注：

（1）如果函数 $f(x)$ 在区间 I 上有原函数，则 $f(x)$ 在区间 I 上就有无穷多个原函数．

（2）如果 $F(x)$ 和 $G(x)$ 都是 $f(x)$ 在区间 I 上的原函数，则 $F(x) - G(x) = C$．

（3）如果 $F(x)$ 是 $f(x)$ 在区间 I 上的一个原函数，则 $f(x)$ 在区间 I 上的全部原函数就是 $F(x) + C$（C 为任意常数）．

$(x^2)' = 2x$，x^2 是函数 $2x$ 的一个原函数；

$(x^2 + 1)' = 2x$，$x^2 + 1$ 是函数 $2x$ 的一个原函数；

$(x^2 - 9)' = 2x$，$x^2 - 9$ 是函数 $2x$ 的一个原函数；

$(x^2 + c)' = 2x$，$x^2 + c$ 是函数 $2x$ 的原函数．

2. 不定积分的定义

定义 1.5.2　函数 $f(x)$ 的全部原函数 $F(x) + C$，称为 $f(x)$ 的不定积分，记作 $\int f(x) dx$．即

$$\int f(x) dx = F(x) + C$$

不定积分的概念

其中"$\int$"称为积分号；x 称为积分变量；$f(x)$ 称为被积函数；$f(x)\mathrm{d}x$ 称为被积表达式.

因此，求函数 $f(x)$ 的不定积分，只需求出 $f(x)$ 的一个原函数再加上积分常数 C 即可.

3. 不定积分表

项目	基本积分表	导数公式
1	$\int k\mathrm{d}x = kx + C$（$k$ 为常数）；	$(C)' = 0$
2	$\int x^{\alpha}\mathrm{d}x = \dfrac{1}{\alpha + 1}x^{\alpha+1} + C(\alpha \neq -1)$	$(x^{\alpha})' = \alpha x^{\alpha-1}$
3	$\int \dfrac{1}{x}\mathrm{d}x = \ln|x| + C$	$(\ln x)' = \dfrac{1}{x}$
4	$\int a^x \mathrm{d}x = \dfrac{1}{\ln a}a^x + C(a > 0 \text{ 且 } a \neq 1)$	$(a^x)' = a^x \ln a$
5	$\int \mathrm{e}^x \mathrm{d}x = \mathrm{e}^x + C$	$(\mathrm{e}^x)' = \mathrm{e}^x$
6	$\int \sin x \mathrm{d}x = -\cos x + C$	$(\cos x)' = -\sin x$
7	$\int \cos x \mathrm{d}x = \sin x + C$	$(\sin x)' = \cos x$
8	$\int \sec^2 x \mathrm{d}x = \tan x + C$	$(\tan x)' = \sec^2 x$
9	$\int \csc^2 x \mathrm{d}x = -\cot x + C$	$(\cot x)' = -\csc^2 x$
10	$\int \dfrac{1}{\sqrt{1-x^2}}\mathrm{d}x = \arcsin x + C$	$(\arcsin x)' = \dfrac{1}{\sqrt{1-x^2}}$
11	$\int \dfrac{1}{1+x^2}\mathrm{d}x = \arctan x + C$	$(\arctan x)' = \dfrac{1}{1+x^2}$

4. 不定积分的性质

根据不定积分的定义可以推得下面几个不定积分性质：

性质 1 不定积分与导数或微分互为逆运算.

(1) $\left[\int f(x)\mathrm{d}x\right]' = f(x)$ 或 $\mathrm{d}\left[\int f(x)\mathrm{d}x\right] = f(x)\mathrm{d}x$；

(2) $\int f'(x)\mathrm{d}x = f(x) + C$ 或 $\int \mathrm{d}f(x) = f(x) + C$.

性质 1 表明求导（或微分）运算和不定积分运算是互逆的，对一个函数先积分再求导（或微分），结果是两者作用相抵消，若先求导（或微分）再积分，则结果只相差一个任意常数.

性质 2 被积表达式中的非零常数因子，可以移到积分号前.

$$\int kf(x)\,dx = k\int f(x)\,dx \ (k \neq 0，常数)$$

性质 3 两个函数代数和的不定积分，等于两个函数不定积分的代数和.

$$\int [f(x) \pm g(x)]\,dx = \int f(x)\,dx \pm \int g(x)\,dx$$

这一结论可以推广到任意有限多个函数的代数和的情形，即

$$\int [f_1(x) \pm f_2(x) \pm \cdots \pm f_n(x)]\,dx = \int f_1(x)\,dx \pm \int f_2(x)\,dx \pm \cdots \pm \int f_n(x)\,dx$$

不定积分的性质

问题 1.5.4 解答

已知导数 $S'(R) = \dfrac{dS}{dR} = 0.5 - 0.2R^{-0.5}$，求原函数 $S(R)$，由不定积分定义得

$$S(R) = \int S'(R)\,dR = \int (0.5 - 0.2R^{-0.5})\,dR$$

$$= \int 0.5\,dR - \int 0.2R^{-0.5}\,dR = 0.5R - 0.4R^{0.5} + C$$

由 $R = 25$ 时，$S = -3.5$ 代入得 $C = -14$，所以 $S(R) = 0.5R - 0.4R^{0.5} - 14$. 收入从 36 变为 49，储蓄额的变化为 $\Delta S = S(49) - S(36) = 6.1$.

● **问题 1.5.5 由成本变化率求总成本**

设某工厂生产 q 单位产品的总成本变化率为 0.01，当生产 1 000 单位产品时，总成本为 490 元，求总成本函数.

问题 1.5.5 解答

成本变化率就是边际成本，亦即为成本的导数，已知导数求原函数，由不定积分定义得

$$C(q) = \int C'(q)\,dq = \int 0.01\,dq = 0.01q + C_1$$

又因为当生产 1 000 单位产品时，总成本为 490 元，代入得 $C_1 = 480$，故总成本函数为 $C(q) = 0.01q + 480$.

● **问题 1.5.6 由边际利润求利润函数**

某商品的边际利润函数为 $L'(Q) = 6Q - Q^2$，Q 为该商品的销售量，销售此商品的盈亏平衡点为 $Q = 3$，求总利润函数.

问题 1.5.6 解答

边际利润和利润的关系是导数与原函数的关系，由边际利润求利润函数为

$$L(Q) = \int L'(Q)\,dQ = \int (6Q - Q^2)\,dQ = 3Q^2 - \frac{Q^3}{3} + C$$

因商品的盈亏平衡点为 $Q = 3$,则 $L(3) = 0$,代入上式可得 $C = -18$,故总利润函数为 $L(Q) = 3Q^2 - \frac{Q^3}{3} - 18$.

类似地,有以下常用关系.

边际成本与成本、边际收入和收入、边际利润和利润的关系都是导数与原函数的关系:

$$\int C'(q)\,dq = C_1(q) + C_0 \quad (C_1(q) \text{ 是可变成本}, C_0 \text{ 是固定成本})$$

$$\int R'(q)\,dq = R(q) + R_0 \quad (R_0 \text{ 是产量为 0 时的收入,通常 } R_0 = 0)$$

$$\int L'(q)\,dq = L(q) + L_0 \quad (L_0 \text{ 是产量为 0 时的利润})$$

知识拓展:不定积分的计算方法

1. 直接积分法

例 1 $\int \left(1 - x + \frac{1}{x}\right)dx = x - \frac{1}{2}x^2 + \ln|x| + C$.

例 2 $\int (e^x - 3\sin x)\,dx = \int e^x dx - 3\int \sin x\,dx = e^x - 3(-\cos x) + C$.

例 3 $\int \frac{1 - x + x^2 - x^3}{x^2}dx = \int \left(\frac{1}{x^2} - \frac{1}{x} + 1 - x\right)dx$

$$= -\frac{1}{x} - \ln|x| + x - \frac{1}{2}x^2 + C.$$

例 4 $\int \frac{x^4}{1 + x^2}dx = \int \frac{x^4 - 1 + 1}{1 + x^2}dx = \int (x^2 - 1)\,dx + \int \frac{1}{1 + x^2}dx$

$$= \frac{1}{3}x^3 - x + \arctan x + C.$$

例 5 $\int \sin^2 \frac{x}{2}dx = \int \frac{1 - \cos x}{2}dx$

$$= \frac{1}{2}\int dx - \frac{1}{2}\int \cos x\,dx$$

$$= \frac{1}{2}(x - \sin x) + C.$$

注:当不定积分不能直接应用基本积分表和不定积分的性质进行计算时,需先将被积函数化简或变形再进行计算.计算的结果是否正确,只需对结果求导,看其导数是否等于被积函数.

2. 凑微分积分法（第一类换元法）

例1 计算 $\int \sin 2x \, dx$.

解法1 $\int \sin 2x \, dx \xrightarrow[\text{则}x=\frac{t}{2}]{\text{令}2x=t} \int \sin t \cdot \frac{1}{2} dt = \frac{1}{2} \int \sin t \, dt = -\frac{1}{2} \cos t + C$

不定积分的凑微分法

$$= -\frac{1}{2} \cos 2x + C.$$

解法2 $\int \sin 2x \, dx = \frac{1}{2} \int \sin 2x \cdot 2 \, dx \xrightarrow{\text{凑微分}} \frac{1}{2} \int \sin 2x \, d2x$

$$\xrightarrow{\text{令}2x=u} \frac{1}{2} \int \sin u \, du = -\frac{1}{2} \cos u + C \xrightarrow{\text{回代}u=2x} -\frac{1}{2} \cos 2x + C.$$

（熟练后，不必写出 $f(u)$，而直接凑微分）

解法3 $\int \sin 2x \, dx = \int 2\sin x \cos x \, dx \xrightarrow{\text{凑微分}} 2\int \sin x \cdot (\sin x)' \, dx$

$$= 2\int \sin x \, d\sin x = \sin^2 x + C.$$

解法4 $\int \sin 2x \, dx = \int 2\sin x \cos x \, dx \xrightarrow{\text{凑微分}} 2\int (-\cos x)' \cdot \cos x \, dx$

$$= -2\int \cos x \, d\cos x = -\cos^2 x + C.$$

例2 $\int \frac{1}{\sqrt{3-2x}} dx = \int (3-2x)^{-\frac{1}{2}} dx$

$$= \left(-\frac{1}{2}\right) \int (3-2x)^{-\frac{1}{2}} (-2) \, dx$$

$$= \left(-\frac{1}{2}\right) \int (3-2x)^{-\frac{1}{2}} d(3-2x)$$

$$= \left(-\frac{1}{2}\right) \frac{1}{1-\frac{1}{2}} (3-2x)^{1-\frac{1}{2}}$$

$$= -\sqrt{3-2x} + C.$$

例3 $\int 2x\cos x^2 \, dx = \int \cos x^2 \cdot 2x \, dx = \int \cos x^2 \, d(x^2) = \sin x^2 + C.$

例4 $\int \frac{1}{\sqrt{x}} e^{\sqrt{x}} \, dx = 2\int e^{\sqrt{x}} \frac{1}{2\sqrt{x}} dx = 2\int e^{\sqrt{x}} \, d\sqrt{x} = 2e^{\sqrt{x}} + C.$

例5 $\int e^x \sin e^x \, dx = \int \sin e^x \cdot e^x \, dx = \int \sin e^x \, de^x = -\cos e^x + C.$

例6 $\int \frac{\ln x}{x} dx = \int \ln x \cdot \frac{1}{x} dx = \int \ln x \, d\ln x = \frac{1}{2} \ln^2 x + C.$

例7 $\int \tan x \, dx = \int \frac{\sin x}{\cos x} dx = -\int \frac{1}{\cos x} d\cos x = -\ln|\cos x| + C.$

3. 换元积分法（换元去根号）

例 1 求下列积分：（1）$\int \dfrac{dx}{1+\sqrt{3-x}}$；（2）$\int \dfrac{x}{\sqrt{x+1}}dx$.

不定积分第二类换元积分法

解 （1）设 $t=\sqrt{3-x}$，则 $x=3-t^2$，$dx=-2tdt$.

$$\int \dfrac{dx}{1+\sqrt{3-x}} = -\int \dfrac{2t}{1+t}dt = -2\int \dfrac{1+t-1}{1+t}dt$$

$$= -2\int \left(1-\dfrac{1}{1+t}\right)dt$$

$$= -2(t-\ln|1+t|)+C$$

$$= -2(\sqrt{3-x}-\ln(1+\sqrt{3-x}))+C.$$

应注意，此例在最后的结果中必须代入 $t=\sqrt{3-x}$，返回到原积分变量 x.

（2）设 $t=\sqrt{x+1}$，则 $x=t^2-1$，$dx=2tdt$.

$$\int \dfrac{x}{\sqrt{x+1}}dx = \int \dfrac{t^2-1}{t} \cdot 2tdt = 2\int (t^2-1)dt$$

$$= \dfrac{2}{3}t^3 - 2t + C$$

$$= \dfrac{2}{3}\sqrt{(x+1)^3} - 2\sqrt{x+1} + C.$$

例 2 计算 $\int \sqrt{a^2-x^2}dx \, (a>0)$.

设 $x=a\sin t\left(-\dfrac{\pi}{2}<t<\dfrac{\pi}{2}\right)$，则 $\sqrt{a^2-x^2}=a\cos t$，$dx=a\cos tdt$.

$$\int \sqrt{a^2-x^2}dx = \int a^2\cos^2 tdt = a^2\int \dfrac{1+\cos 2t}{2}dt$$

$$= \dfrac{a^2}{2}\left(\int dt + \int \cos 2tdt\right)$$

$$= \dfrac{a^2}{2}\left(t+\dfrac{1}{2}\sin 2t\right)+C = \dfrac{a^2}{2}(t+\sin t\cos t)+C$$

$$= \dfrac{a^2}{2}\left(\arcsin \dfrac{x}{a} + \dfrac{x}{a} \cdot \dfrac{\sqrt{a^2-x^2}}{a}\right)+C.$$

例 3 求 $\int \dfrac{dx}{\sqrt{a^2+x^2}}(a>0)$.

解 设 $x=a\tan t\left(-\dfrac{\pi}{2}<t<\dfrac{\pi}{2}\right)$，则 $\sqrt{a^2+x^2}=a\sqrt{1+\tan^2 t}=a\sec t$，

$dx=a\sec^2 tdt$. 所以 $\int \dfrac{dx}{\sqrt{a^2+x^2}} = \int \dfrac{a\sec^2 t}{a\sec t}dt = \int \sec tdt = \ln|\sec t+\tan t|+C$.

为了返回原积分变量，可由 $\tan t = \dfrac{x}{a}$ 作出辅助三角形（见图 1-5-1）.

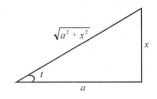

图 1-5-1

$\sec t = \dfrac{1}{\cos t} = \dfrac{\sqrt{a^2+x^2}}{a}$，所以

$$\int \dfrac{dx}{\sqrt{a^2+x^2}} = \ln\left|\dfrac{x}{a} + \dfrac{\sqrt{a^2+x^2}}{a}\right| + C = \ln\left|x + \sqrt{a^2+x^2}\right| + C_1,$$

其中 $C_1 = C - \ln a$.

第二类换元法用于三角代换中，常用的变量代换有三种：

(1) 被积函数为 $f(\sqrt{a^2-x^2})$，则令 $x = a\sin t$.

(2) 被积函数为 $f(\sqrt{x^2+a^2})$，则令 $x = a\tan t$.

(3) 被积函数为 $f(\sqrt{x^2-a^2})$，则令 $x = a\sec t$.

4. 分部积分法

分部积分公式：$\int uv' dx = \int u dv = uv - \int v du$.

不定积分的分部积分法

例1 求下列积分：

(1) $\int x\sin x\, dx$； (2) $\int x\arctan x\, dx$；

(3) $\int \ln x\, dx$； (4) $\int e^x \sin x\, dx$.

解 (1) 设 $u = x$，$v' = \sin x$，则 $v = -\cos x$. 所以

$$\int x\sin x\, dx = \int x\, d(-\cos x) = -\int x\, d\cos x$$

$$= -x\cos x + \int \cos x\, dx$$

$$= -x\cos x + \sin x + C.$$

(2) 设 $u = \arctan x$，$v' = x$，则 $v = \dfrac{1}{2}x^2$. 所以

$$\int x\arctan x\, dx = \int \arctan x\, d\left(\dfrac{1}{2}x^2\right) = \dfrac{1}{2}\int \arctan x\, dx^2$$

$$= \dfrac{1}{2}x^2 \arctan x - \dfrac{1}{2}\int x^2\, d\arctan x = \dfrac{1}{2}x^2 \arctan x - \dfrac{1}{2}\int \dfrac{x^2}{1+x^2}\, dx$$

$$= \frac{1}{2}x^2\arctan x - \frac{1}{2}\int\left(1 - \frac{1}{1+x^2}\right)dx$$

$$= \frac{1}{2}x^2\arctan x - \frac{1}{2}x + \frac{1}{2}\arctan x + C.$$

(3) 设 $u = \ln x$，$dv = dx$，则 $du = \frac{1}{x}dx$，$v = x$. 所以

$$\int \ln x dx = x\ln x - \int x \cdot \ln x dx = x\ln x - \int x \cdot \frac{1}{x}dx$$

$$= x\ln x - x + C$$

(4) $\int e^x \sin x dx = \int \sin x d(e^x) = e^x \sin x - \int e^x d(\sin x)$

$$= e^x \sin x - \int e^x \cos x dx$$

$$= e^x \sin x - \int \cos x d(e^x)$$

$$= e^x \sin x - e^x \cos x + \int e^x d(\cos x)$$

$$= e^x \sin x - e^x \cos x - \int e^x \sin x dx.$$

移项后，有 $2\int e^x \sin x dx = e^x(\sin x - \cos x) + C_1$，所以 $\int e^x \sin x dx = \frac{1}{2}e^x(\sin x - \cos x) + C$.

在使用分部积分时，正确地选择 u 和 dv 是关键。选择 u 和 dv 的原则是：① v 容易求得；② 积分 $\int v du$ 容易求出. 一般选 u 的规律为：最先考虑反三角函数或对数函数，其次考虑幂函数，最后考虑三角函数或指数函数.

【基础练习1-5】

1. 验证函数 $F(x) = x(\ln x - 1)$ 是 $f(x) = \ln x$ 的一个原函数.
2. 求下列不定积分：

(1) $\int (x^3 + 3^x)dx$；

(2) $\int \sqrt{x}(2-x)dx$；

(3) $\int \frac{1}{x^2(x^2+1)}dx$；

(4) $\int \cos^2\frac{x}{2}dx$；

(5) $\int \frac{du}{\sin^2 u \cos^2 u}$；

(6) $\int \frac{\cos 2x}{\sin x + \cos x}dx$.

3. 求下列积分：

(1) $\int (2x-1)^{99}dx$；

(2) $\int 10^{3x}dx$；

(3) $\int \dfrac{1}{\sqrt{1-3x}} dx$；

(4) $\int \cos(2-3x) dx$；

(5) $\int \sin 5x \, dx$；

(6) $\int \dfrac{1}{1+9x^2} dx$；

(7) $\int \sin^3 x \cos x \, dx$；

(8) $\int \dfrac{x}{1+x^2} dx$；

(9) $\int \dfrac{e^x}{1+e^x} dx$；

(10) $\int \dfrac{1}{x(1+\ln^2 x)} dx$；

(11) $\int e^{\sin x} \cos x \, dx$；

(12) $\int x \sin 3x \, dx$；

(13) $\int x e^{-4x} dx$；

(14) $\int x \ln x \, dx$；

(15) $\int \arcsin x \, dx$；

(16) $\int \cos \sqrt{x} \, dx$.

【提高练习1-5】

1. 设函数 $f(x)$ 的一个原函数为 $\sin 2x$，则 $\int f'(2x) dx = ($ 　　 $)$.

A. $\cos 4x + C$
B. $\dfrac{1}{2} \cos 4x + C$

C. $2\cos 4x + C$
D. $\sin 4x + C$

2. 已知 $\int f(x^2) dx = e^{\frac{x}{2}} + C$，则 $f(x) = ($ 　　 $)$.

A. $\dfrac{1}{2} e^{\frac{x}{2}}$
B. $e^{\frac{x}{2}}$

C. $\dfrac{1}{2} e^{\frac{\sqrt{x}}{2}}$
D. $e^{\frac{\sqrt{x}}{2}}$

3. 不定积分 $\int [f(x) + xf'(x)] dx = ($ 　　 $)$.

A. $f(x) + C$
B. $f'(x) + C$

C. $xf(x) + C$
D. $f^2(x) + C$

4. $y = k \tan 2x$ 的一个原函数为 $\dfrac{2}{3} \ln \cos 2x$，则 $k = $ ＿＿＿＿＿＿＿＿.

5. 设 e^{-x} 是 $f(x)$ 的一个原函数，则 $\int e^x f(x) dx = $ ＿＿＿＿＿＿＿＿.

6. 计算下列积分：

(1) $\int \dfrac{1-x}{\sqrt{9-4x^2}} dx$；

(2) $\int \dfrac{1}{e^x - e^{-x}} dx$；

(3) $\int \dfrac{\sqrt{x+1}-1}{\sqrt{x+1}+1} dx$；

(4) $\int \dfrac{\ln \ln x}{x} dx$；

(5) $\int x\sin x\cos x\,\mathrm{d}x$；　　　　　　(6) $\int \sin \ln x\,\mathrm{d}x$.

【应用练习 1-5】

1. **【边际成本、平均成本与总成本】** 设某产品生产 q 个单位的总成本函数为 $C(q) = 1\,000 + 0.012q^2$（元）

求：（1）生产 1 000 件产品时的总成本和平均成本；

（2）生产 1 000 件产品时的边际成本.

2. **【边际收入、平均收入与总收入】** 设生产某种产品 q 个单位时的收入为 $R(q) = 200q - 0.01q^2$，求生产 50 个单位产品时的收入、单位产品的平均收入及边际收入.

3. **【边际成本、边际收入、边际利润】** 设某产品的总成本函数和收入函数分别为 $C(q) = 3 + 2\sqrt{q}$，$R(q) = \dfrac{5q}{q+1}$，其中 q 为该产品的销售量，求该产品的边际成本、边际收入和边际利润.

4. **【边际需求】** 某商品的需求函数为 $Q(p) = 75 - p^2$，求 $p = 4$ 时的边际需求，并说明其经济含义.

5. **【边际需求】** 设巧克力糖每周的需求量 Q 单位（单位：千克）是价格 p 的函数 $Q(p) = \dfrac{1\,000}{(2p+1)^2}$，试求当 $p = 10$（元）时巧克力糖的边际需求，并说明其经济含义.

6. **【边际需求、需求弹性、总收益】** 商品的需求量 Q 为价格 p 的函数 $Q(p) = 150 - 2p^2$.

（1）确定 $p = 6$ 时的边际需求，并说明其经济意义；

（2）确定 $p = 6$ 时的需求弹性，并说明其经济意义；

（3）当 $p = 6$ 时，若价格下降 1%，总收益将变化百分之几？是增加还是减少？

7. **【边际收益与收益的弹性】** 某商品的总收益 R 关于销量 Q 的函数 $R(Q) = 104Q - 0.4Q^2$，求：

（1）销量为 Q 时的边际收入；

（2）销量 $Q = 50$ 时的边际收入；

（3）销量 $Q = 100$ 时的总收入 R 对 Q 的弹性.

8. **【需求弹性与边际收益】** 已知销售某商品的总收益（$R = pQ$）的函数为 $R = 60Q - Q^2$，计算需求弹性为 -2 时的边际收益.

9. **【边际收益与收益函数】** 设某商品的边际收益函数为 $R'(Q) = 10 - 5Q$，求收益函数.

10. **【产品变化率与产量函数】** 已知某产品产量对时间的变化率是时间 t 的函数 $Q'(t) = 0.2t + 1$，设此产品在时间 t 的产量为 $Q(t)$，且 $Q(0) = 0$，求 $Q(t)$.

11. 【成本与成本函数】设某工厂生产 q 单位产品的总成本 C 是 q 的函数,已知边际成本为 $C'(q) = 25 + 30q - 9q^2$,固定成本是 55 元,求总成本与产量的函数关系式.

12. 【边际成本、边际收入与利润函数】某种产品每天生产 Q 台时的固定成本为 80 元,边际成本为 $C'(Q) = 0.6Q + 20$(元/台),边际收益为 $R'(Q) = 32$(元/台),求利润函数.

【数学文化聚焦】李大潜院士谈学数学的目的

许多在实际工作中成功地应用数学并取得相当突出成绩的数学系毕业生都有这样的体会：在工作中真要用到的具体数学分支学科，具体的数学定理、公式和结论，其实并不很多，学校里学过的很多知识似乎没有派上什么用处，但所受的数学训练，所领会的数学思想和精神，却无时无刻不在发挥着积极的作用，成为取得成功的最重要的因素．因此，如果仅仅将数学作为知识来学习，而忽略了数学思想对学生的熏陶以及学生数学素质的提高，就失去了开设数学课程的意义．

实际上，严格的数学训练，可以使学生具备一些特有的素质，这些素质包括：

（1）可以使学生树立明确的数量观念，"胸中有数"，认真地注意事物的数量方面及其变化规律．

（2）提高学生的逻辑思维能力，使他们思路清晰、条理分明、有条不紊地处理头绪纷繁的各项工作．

（3）数学上的推导要求每一个正负号、每一个小数点都不能含糊敷衍，有助于培养学生认真细致、一丝不苟的作风．

（4）数学上追求的是最有用（广泛）的结论、最低的条件（代价）以及最简明的证明，可以使学生形成精益求精的风格．

（5）使学生知道数学概念、方法和理论的产生和发展的渊源和过程，了解和领会由实际需要出发到建立数学模型，再到解决实际问题的全过程，提高他们运用数学知识处理现实世界中各种复杂问题的意识、信念和能力．

（6）可以使学生增强拼搏精神和应变能力，能通过不断分析矛盾，从表面上一团乱麻的困难局面中理出头绪，最终解决问题．

（7）可以调动学生的探索精神和创造力，使他们更加灵活和主动，在改善所学的数学结论、改进证明的思路和方法、发现不同的数学领域或结论之间的内在联系、拓展数学知识的应用范围以及解决现实问题等方面，逐步显露出自己的聪明才智．

（8）使学生具有某种数学上的直觉和想象力，包括几何直观能力，能够根据所面对的问题的本质或特点，八九不离十地估计到可能的结论，为实际的需要提供借鉴．

数学教育本质上是一种素质教育，使学生不仅知道许多重要的数学概念、方法和结论，而且领会到数学的精神实质和思想方法，这应该是数学教育努力追求的目标，也是衡量数学教学的成效与优劣的最根本的依据．

应用六 变化率与总量问题——定积分

上个应用我们学习了不定积分及其应用,在这个应用里我们将学习积分学中的另一个重要概念——定积分,即如何通过不断变化的对象及其变化速度来把握变化的累积总量,并介绍其在经济中的应用.

● **问题 1.6.1 总产量的变化率与总产量**

设某产品在时刻 t 总产量的变化率为 $f(t) = 100 + 12t - 6t^2$(件/小时),求从 $t = 2$ 到 $t = 4$ 的总产量.

问题 1.6.1 解答

分析:已知的总产量的变化率就是总产量的导数,要求从 $t = 2$ 到 $t = 4$ 的总产量就是求总产量函数的增加量.

先求总产量函数

$$Q(t) = \int f(t) \, dt = \int (100 + 12t - 6t^2) \, dt = 100t + 6t^2 - 2t^3 + C$$

则从 $t = 2$ 到 $t = 4$ 的总产量为

$$\Delta Q = Q(4) - Q(2) = (368 + C) - (208 + C) = 160 \text{(件)}$$

从上面的问题可以看出,已知导数求原函数,再通过原函数可以求出函数的增量是一个定值.也就是已知导数可以求得函数的增量是定值,这个就是定积分的问题.如果用定积分的方法来求,那么应用范围会更广、更具普遍性和更加简便.

相关知识:定积分的概念与计算;定积分的几何意义和经济意义

1. 定积分的概念

由区间 $[a,b]$ 上的连续曲线 $y = f(x)$ $(f(x) \geqslant 0)$,x 轴与直线 $x = a$,$x = b$ 所围成的平面图形称为曲边梯形(见图 $1 - 6 - 1$).

由于曲边梯形底边上各点处的高 $f(x)$ 在区间 $[a,b]$ 上是变动的,因此不能利用已有的面积公式求出面积.为计算曲边梯形 $AabB$ 的面积,可按下述方法进行:

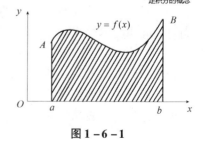

图 $1 - 6 - 1$

(1)分割.用任意的 $n - 1$ 个分点 $a = x_0 < x_1 < \cdots < x_{n-1} < x_n = b$ 把区间 $[a,b]$ 分成 n 个小区间:$[x_0, x_1]$,$[x_1, x_2]$,$\cdots$,$[x_{n-1}, x_n]$,其中第 i 个小区间长度为 $\Delta x_i = x_i - x_{i-1} (i = 1, 2, \cdots, n)$.

过每一分点 $x_i(i = 1,2,\cdots,n-1)$ 作 x 轴的垂线,把曲边梯形 $AabB$ 分成 n 个小曲边梯形,其中第 i 个小曲边梯形的面积记为 ΔA_i (见图 1-6-2). 曲边梯形 $AabB$ 的面积 A 等于 n 个小区间的面积之和,即

$$A = \sum_{i=1}^{n} \Delta A_i$$

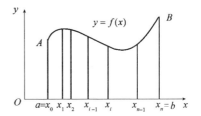

图 1-6-2

(2) 近似. 在每一小区间 $[x_{i-1},x_i]$ 上任取一点 $\xi_i(i = 1,2,\cdots,n)$,以 Δx_i 为底边、$f(\xi_i)$ 为高作小矩形,其面积为 $f(\xi_i)\Delta x_i(i = 1,2,\cdots,n)$ (见图 1-6-3).

当 Δx_i 很小时 $\Delta A_i \approx f(\xi_i)\Delta x_i$.

(3) 求和. 把这 n 个小曲边梯形的面积的近似值加起来,便得到曲边梯形 $AabB$ 的面积近似值,即

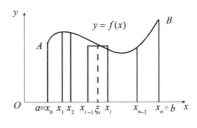

图 1-6-3

$$A = \sum_{i=1}^{n} \Delta A_i \approx f(\xi_1)\Delta x_1 + \cdots + f(\xi_n)\Delta x_n = \sum_{i=1}^{n} f(\xi_i)\Delta x_i$$

(4) 取极限. 设 $\lambda = \max_{1 \leq i \leq n}\{\Delta x_i\}$,则当分点数无限增多,即 $n \to \infty$,且 λ 趋于零时,所有小区间的长度 $\Delta x_i = x_i - x_{i-1}$ $(i = 1,2,\cdots,n)$ 就会无限减小,从而 $\sum_{i=1}^{n} f(\xi_i)\Delta x_i$ 就无限接近于 A. 由极限的定义得 $\lim_{\lambda \to 0}\sum_{i=1}^{n} f(\xi_i)\Delta x_i$ 就是曲边梯形 $AabB$ 的面积 A,即

$$A = \lim_{\lambda \to 0}\sum_{i=1}^{n} f(\xi_i)\Delta x_i$$

定义 1.6.1 设函数 $f(x)$ 在区间 $[a,b]$ 上有定义. 用点 $a = x_0 < x_1 < x_2 < \cdots < x_{n-1} < x_n = b$,把区间 $[a,b]$ 任意分为 n 个小区间:

$$[x_0,x_1],[x_1,x_2],\cdots,[x_{n-1},x_n]$$

记 $\Delta x_i = x_i - x_{i-1}(i = 1,2,\cdots,n)$ 为第 i 个小区间的长度,$\lambda = \max_{1 \leq i \leq n}\{\Delta x_i\}$ 为 n 个小区间长度中的最大值. 在每一小区间 $[x_{i-1},x_i]$ 上任取一点 ξ_i,作乘积 $f(\xi_i)\Delta x_i(i = 1,\cdots,n)$,并作出和式 $\sum_{i=1}^{n} f(\xi_i)\Delta x_i$. 若极限 $\lim_{\lambda \to 0}\sum_{i=1}^{n} f(\xi_i)\Delta x_i$ 存在,则称函数 $f(x)$ 在区间 $[a,b]$ 上可积,此极限值称为函数 $f(x)$ 在区间 $[a,b]$ 上的定积分,记作 $\int_a^b f(x)\mathrm{d}x$,即

$$\int_a^b f(x)\mathrm{d}x = \lim_{\lambda \to 0}\sum_{i=1}^{n} f(\xi_i)\Delta x_i$$

其中,$f(x)$ 称为被积函数;$[a,b]$ 称为积分区间;a 称为积分下限;b 称为积分上限;

x 称为积分变量;$f(x)dx$ 称为被积表达式;$\sum_{i=1}^{n} f(\xi_i)\Delta x_i$ 称为积分和.

这样上面曲边梯形 $AabB$ 的面积 $A = \lim_{\lambda \to 0}\sum_{i=1}^{n} f(\xi_i)\Delta x_i = \int_a^b f(x)dx$.

注:(1) 函数 $f(x)$ 在区间 $[a,b]$ 上的定积分是积分和的极限,如果这一极限存在,则它是一个确定的常量. 它只与被积函数 $f(x)$ 和积分区间 $[a,b]$ 有关,而与积分变量使用什么字母表示无关.

$$\int_a^b f(x)dx = \int_a^b f(t)dt$$

(2) 在定积分的定义中,总是假设 $a < b$,如果 $b < a$,我们规定

$$\int_a^b f(x)dx = -\int_b^a f(x)dx$$

特别地,当 $a = b$ 时,有 $\int_a^a f(t)dt = 0$.

2. 定积分的几何意义

显然从上面曲边梯形的面积可看出定积分的几何意义:

当 $f(x) \geq 0$ 时,定积分 $\int_a^b f(x)dx$ 表示由曲线 $y = f(x)$,$x = a$,$x = b$,与 x 轴所围的位于 x 轴上方的曲边梯形的面积. 即 $\int_a^b f(x)dx = A > 0$.

当 $f(x) < 0$ 时,则曲边梯形位于 x 轴下方,这时 $\int_a^b f(x)dx$ 表示对应曲边梯形面积的负值. 即 $\int_a^b f(x)dx = -A < 0$.

当 $f(x)$ 有正有负时(见图 1-6-4),定积分 $\int_a^b f(x)dx$ 表示若干个曲边梯形面积的代数和,其中位于 x 轴上方的前面取"+"号,位于 x 轴下方的前面取"-"号. 即

$$\int_a^b f(x)dx = A_1 - A_2 + A_3$$

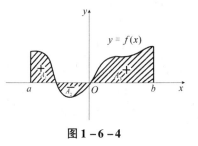

图 1-6-4

3. 定积分的性质

(1) $\int_a^b kf(x)dx = k\int_a^b f(x)dx$($k$ 为常数).

(2) $\int_a^b [f(x) \pm g(x)]dx = \int_a^b f(x)dx \pm \int_a^b g(x)dx$.

(3) $\int_a^b f(x)dx = \int_a^c f(x)dx + \int_c^b f(x)dx$($c$ 为任意数).

(4) 若在区间 $[a,b]$ 上，恒有 $f(x) \leqslant g(x)$，则 $\int_a^b f(x)dx \leqslant \int_a^b g(x)dx$.

(5) 若在 $[a,b]$ 上有 $m \leqslant f(x) \leqslant M$，则 $m(b-a) \leqslant \int_a^b f(x)dx \leqslant M(b-a)$.

(6) 若函数 $f(x)$ 在区间 $[a,b]$ 上连续，则在 $[a,b]$ 内至少有一点 ξ，使得 $\int_a^b f(x)dx = f(\xi)(b-a)$，$\xi \in (a,b)$（见图1-6-5）. 由此得到的 $f(\xi) = \dfrac{1}{b-a}\int_a^b f(x)dx$，称为函数 $f(x)$ 在区间 $[a,b]$ 上的平均值.

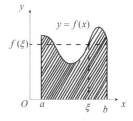

图1-6-5

(7) 函数 $f(x)$ 在区间 $[-a,a]$ 上连续（$a > 0$），则

$$\int_{-a}^{a} f(x)dx = \begin{cases} 2\int_0^a f(x)dx, & \text{当} f(x) \text{为偶函数,} \\ 0, & \text{当} f(x) \text{为奇函数.} \end{cases}$$

4. 定积分计算公式——牛顿—莱布尼茨公式（微积分基本定理）

设 $f(x)$ 在区间 $[a,b]$ 上连续，$F(x)$ 是 $f(x)$ 的一个原函数，则

$$\int_a^b f(x)dx = F(x)\Big|_a^b = F(b) - F(a)$$

这样，求定积分就是先求原函数，然后把上、下限代入原函数，再把所得的函数值相减即可.

牛顿-莱布尼兹公式

问题 1.6.1 解答（定积分法）

从 $t = 2$ 到 $t = 4$ 的总产量为

$$\Delta Q = Q(4) - Q(2) = \int_2^4 f(t)dt = \int_2^4 (100 + 12t - 6t^2)dt$$
$$= (100t + 6t^2 - 2t^3)\Big|_2^4 = 368 - 208 = 160$$

5. 定积分的经济意义

在公式 $\int_a^b f(x)dx = F(x)\Big|_a^b = F(b) - F(a)$ 中，$f(x)$ 与 $F(x)$ 是导数与原函数的关系，由于总函数（如总成本、总收益、总利润等）的导数就是边际函数（如边际成本、边际收益、边际利润等），因此

定积分的应用一

(1) 已知边际成本 $C'(Q)$，固定成本 C_0，则总成本函数

$$C(Q) = \int_0^Q C'(t)dt + C_0$$

$\int_a^b C'(Q)dQ = C(Q)\Big|_a^b = C(b) - C(a) = \Delta C$，表示产量由 a 增加到 b 的追加成本.

(2) 已知边际收益 $R'(Q)$，则总收益函数 $R(Q) = \int_0^Q R'(t)\,dt$.

$\int_a^b R'(Q)\,dQ = R(Q)\big|_a^b = R(b) - R(a) = \Delta R$，表示销售量由 a 增加到 b 的追加收益.

(3) 总利润函数 $L(Q) = R(Q) - C(Q) = \int_0^Q [R'(t) - C'(t)]\,dt + C_0$.

$\int_a^b L'(Q)\,dQ = L(Q)\big|_a^b = L(b) - L(a) = \Delta L$，表示销售量由 a 增加到 b 的追加利润.

● **问题 1.6.2　边际成本、边际收益与总利润**

某种产品每天生产 Q 台时的固定成本为 $C_0 = 80$ 元，边际成本为 $C'(Q) = 0.6Q + 20$(元／台)，边际收益为 $R'(Q) = 32$(元／台)，求：

(1) 每天生产多少台时利润最大？最大利润是多少？

(2) 在利润最大时，若再多生产 10 台，总利润有何变化？

问题 1.6.2　解答

(1) 由利润最大原则，即 $R'(Q) = C'(Q)$ 时利润最大，可知，当 $32 = 0.6Q + 20$，即 $Q_0 = 20$(台)时利润最大，最大利润为

$L(20) = \int_0^{20} [R'(Q) - C'(Q)]\,dQ - C_0 = \int_0^{20} (32 - 0.6Q - 20)\,dQ - 80 = 40(元)$

(2) $\Delta L = \int_{20}^{30} [R'(Q) - C'(Q)]\,dQ$

$= \int_{20}^{30} (32 - 0.6Q - 20)\,dQ$

$= (12Q - 0.3Q^2)\big|_{20}^{30} = -30(元)$.

即当每天生产 20 台时有最大利润 40 元，再多生产 10 台该产品，利润将减少 30 元.

● **问题 1.6.3　多少年能全部收回投资？**

若某企业投资 800 万元，年利率为 5%，设在 20 年内的均匀收入率为 200 万元/年，试求：

(1) 该投资的纯收入贴现值；

(2) 收回该笔投资的时间为多少？

相关知识：资本现值；收入率；纯收入的贴现值；广义积分

若现有 a 元货币，按年利率为 r 作连续复利计算，则 t 年后的价值为 ae^{rt} 元；

反过来，若 t 年后有 a 元货币，则按连续复利计算，现应有 $a\mathrm{e}^{-rt}$ 元，这就称为资本现值.

设在时间段 $[0,T]$ 上 t 时刻的单位时间收入为 $R'(t)$，称为收入率，若按年利率为 r 的连续复利计算，则在 $[0,T]$ 上的总收入为 $R = \int_0^T R'(t)\mathrm{e}^{-rt}\mathrm{d}t$.

若收入率 $R'(t) = A$（A 为常数），则称为均匀收入率，如果年利率 r 也为常数，则总收入的现值为 $R = \int_0^T A\mathrm{e}^{-rt}\mathrm{d}t = -A\dfrac{1}{r}\mathrm{e}^{-rt}\Big|_0^T = \dfrac{A}{r}(1 - \mathrm{e}^{-rT})$.

若在 $t = 0$ 时，一次投入的资金为 a，则在 $[0,T]$ 上的纯收入的贴现值（也称投资效益）为 $R^* = R - a = \int_0^T A\mathrm{e}^{-rt}\mathrm{d}t - a$，即纯收入的贴现值 = 总收入现值 − 总投资.

当总收入的现值等于投资 $\dfrac{A}{r}(1 - \mathrm{e}^{-rT}) = a$ 时，即为回收投资，则回收投资的时间为 $T = \dfrac{1}{r}\ln\dfrac{A}{A - ar}$.

定义 1.6.2 设函数 $f(x)$ 在区间 $[a, +\infty)$ 内连续，如果极限
$$\lim_{b \to +\infty} \int_a^b f(x)\mathrm{d}x \quad (a < b)$$
存在，则称此极限值为 $f(x)$ 在区间 $[a, +\infty)$ 内的广义积分. 记作
$$\int_a^{+\infty} f(x)\mathrm{d}x = \lim_{b \to +\infty} \int_a^b f(x)\mathrm{d}x \quad (a < b)$$

这时也称广义积分 $\int_a^{+\infty} f(x)\mathrm{d}x$ 收敛；如果上述极限不存在，就称广义积分 $\int_a^{+\infty} f(x)\mathrm{d}x$ 发散.

类似地，可以定义函数 $f(x)$ 在 $(-\infty, b]$ 和 $(-\infty, +\infty)$ 内的广义积分，即
$$\int_{-\infty}^b f(x)\mathrm{d}x = \lim_{a \to -\infty} \int_a^b f(x)\mathrm{d}x \quad (a < b)$$
$$\int_{-\infty}^{+\infty} f(x)\mathrm{d}x = \lim_{a \to -\infty} \int_a^c f(x)\mathrm{d}x + \lim_{b \to +\infty} \int_c^b f(x)\mathrm{d}x,\ c \in (-\infty, +\infty)$$

例 1 计算广义积分 $\int_0^{+\infty} \mathrm{e}^{-2x}\mathrm{d}x$.

解 $\int_0^{+\infty} \mathrm{e}^{-2x}\mathrm{d}x = \lim\limits_{b \to +\infty} \int_0^b \mathrm{e}^{-2x}\mathrm{d}x = \lim\limits_{b \to +\infty}\left(-\dfrac{1}{2}\mathrm{e}^{-2x}\right)\Big|_0^b = \lim\limits_{b \to +\infty}\left(-\dfrac{1}{2}\mathrm{e}^{-2b} + \dfrac{1}{2}\right) = \dfrac{1}{2}$.

为了方便，在计算过程中可以省去极限符号. 如例 1 的计算过程可以写成
$$\int_0^{+\infty} \mathrm{e}^{-2x}\mathrm{d}x = -\dfrac{1}{2}\mathrm{e}^{-2x}\Big|_0^{+\infty} = \lim_{x \to +\infty}\left(-\dfrac{1}{2}\mathrm{e}^{-2x}\right) + \dfrac{1}{2} = \dfrac{1}{2}$$

即约定 $F(x)\Big|_a^{+\infty} = \lim_{x\to\infty} F(x) - F(a)$.

例2 计算广义积分 $\int_{-\infty}^{+\infty} \dfrac{1}{1+x^2}dx$.

解 $\int_{-\infty}^{+\infty} \dfrac{1}{1+x^2}dx = \int_{-\infty}^{0} \dfrac{1}{1+x^2}dx + \int_{0}^{+\infty} \dfrac{1}{1+x^2}dx$.

因为
$$\int_{-\infty}^{0} \dfrac{1}{1+x^2}dx = \arctan x\Big|_{-\infty}^{0}$$
$$= 0 - \lim_{x\to-\infty} \arctan x$$
$$= 0 - \left(-\dfrac{\pi}{2}\right) = \dfrac{\pi}{2}$$

而
$$\int_{0}^{+\infty} \dfrac{1}{1+x^2}dx = \arctan x\Big|_{0}^{+\infty} = \lim_{x\to+\infty} \arctan x - 0 = \dfrac{\pi}{2}$$

所以 $\int_{-\infty}^{+\infty} \dfrac{1}{1+x^2}dx = \dfrac{\pi}{2} + \dfrac{\pi}{2} = \pi$.

例3 计算广义积分 $\int_{0}^{+\infty} xe^{-x}dx$.

解 $\int_{0}^{+\infty} xe^{-x}dx = \int_{0}^{+\infty} (-x)de^{-x} = -xe^{-x}\Big|_{0}^{+\infty} + \int_{0}^{+\infty} e^{-x}dx$

$$= \lim_{x\to+\infty}(-xe^x) - e^{-x}\Big|_{0}^{+\infty} = -\lim_{x\to\infty}\dfrac{x}{e^x} - \lim_{x\to\infty} e^{-x} + 1$$

$$= -\lim_{x\to\infty}\dfrac{1}{e^x} + 1 = 1.$$

如果回收期为无限时期,则纯收入的贴现值为 $R^* = R - a = \int_{0}^{+\infty} Ae^{-rt}dt - a$. 显然,$R^*$ 的值越大,投资效益越好.

问题 1.6.3 解答

总收入的现值为

$$R = \dfrac{A}{r}(1-e^{-rT}) = \dfrac{200}{0.05}(1-e^{-0.05\times20}) = 4\,000(1-e^{-1}) \approx 2\,528.5(万元)$$

从而投资所得纯收入贴现值为 $R^* = R - a = 2\,528.5 - 800 = 1\,728.5(万元)$,收回投资的时间为

$$T = \dfrac{1}{r}\ln\dfrac{A}{A-ar} = \dfrac{1}{0.05}\ln\dfrac{200}{200-800\times0.05} = 20\ln 1.25 \approx 4.46(年)$$

● 问题 1.6.4　应何时报废设备？

某企业想购买一台设备，该设备成本为 5 000 元. T 年后该设备的报废价值为 $S(t) = 5\,000 - 400t$ 元，使用该设备在 t 年时可使企业增加收入 $850 - 40t$（元）. 若年利率为 5%，计算连续复利，企业应在什么时候报废这台设备？此时，总利润的现值是多少？

问题 1.6.4　解答

企业选择报废设备的时间应该是实现总利润最大的时候，假设 T 年后报废设备，此时实现的最大总利润的现值也最大.

T 年后总收入的现值为

$$R = \int_0^T R'(t)\mathrm{e}^{-rt}\mathrm{d}t = \int_0^T (850 - 40t)\mathrm{e}^{-0.05t}\mathrm{d}t$$

T 年后总利润的现值为

$$L(T) = \int_0^T (850 - 40t)\mathrm{e}^{-0.05t}\mathrm{d}t + (5\,000 - 400T)\mathrm{e}^{-0.05T} - 5\,000$$

$$L'(T) = (850 - 40T)\mathrm{e}^{-0.05T} - 400\mathrm{e}^{-0.05T} - 0.05(5\,000 - 400T)\mathrm{e}^{-0.05T}$$

$$= (200 - 20T)\mathrm{e}^{-0.05T}$$

令 $L'(T) = 0$，得 $T = 10$. 当 $T > 10$ 时，$L'(T) > 0$；当 $T < 10$ 时，$L'(T) < 0$，则 $T = 10$ 是唯一的极大值点. 即 $T = 10$ 时，总利润的现值最大，故应在使用 10 年后报废这台机器. 此时企业所得的利润的现值为

$$L(10) = \int_0^{10} (200 - 20T)\mathrm{e}^{-0.05T}\mathrm{d}T = (400T + 4\,000)\mathrm{e}^{-0.05T}\Big|_0^{10} \approx 852.25(元)$$

● 问题 1.6.5　消费者剩余与生产者剩余

在完全竞争条件下某商品的需求函数为 $P = 113 - Q^2$，供给函数为 $P = (Q + 10)^2$，求消费者剩余和生产者剩余.

相关知识：消费者剩余；生产者剩余

需求是指在一定价格条件下，消费者愿意购买且有支付能力购买的商品量. 设需求函数为 $P = D(Q)$，这里 Q 为商品的需求量，P 为该商品的价格，若该商品的市场价格为 P_0，相应的需求量为 Q_0，$P_0 = D(Q_0)$，则原打算用高于市场价格 P_0 的价格购买商品的消费者，会由于市场价格定于 P_0 而得到好处，这个好处称为消费者剩余（即：愿意付出的金额 - 实际付出的金额），记作 $R_D(Q_0)$，即图 1-6-6 中阴影部分的面积.

$$R_D(Q_0) = \int_0^{Q_0} D(Q)\mathrm{d}Q - P_0 Q_0$$

类似地，生产者获得超过其生产成本的收益称为生产者剩余（即销售收益 - 生产成本），记作 $R_S(Q_0)$，即图 1-6-7 中阴影部分面积.

$$R_S(Q_0) = P_0 Q_0 - \int_0^{Q_0} S(Q) dQ$$

其中 $P = S(Q)$ 为供给函数.

若某商品市场是完全竞争的,需求函数和供给函数分别为 $P = D(Q)$ 与 $P = S(Q)$,均衡价格和均衡量分别为 $\overline{P}$ 和 $\overline{Q}$,则消费者剩余和生产者剩余分别为(见图1-6-8)$R_D(\overline{Q}) = \int_0^{\overline{Q}} D(Q) dQ - \overline{P} \, \overline{Q}$ 和 $R_S(\overline{Q}) = \overline{P} \, \overline{Q} - \int_0^{\overline{Q}} S(Q) dQ$.

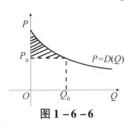
图1-6-6

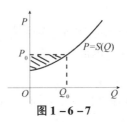
图1-6-7

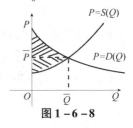
图1-6-8

问题1.6.5 解答

由 $113 - Q^2 = (Q+1)^2$ 得均衡量 $\overline{Q} = 7$,均衡价格 $\overline{P} = 64$,则消费者剩余为

$$R_D(7) = \int_0^7 (113 - Q^2) dQ - 64 \times 7 = \left(113Q - \frac{Q^3}{3}\right)\bigg|_0^7 - 448 \approx 228.67$$

生产者剩余为

$$R_S(7) = 64 \times 7 - \int_0^7 (Q+1)^2 dQ = 448 - \frac{(Q+1)^3}{3}\bigg|_0^7 \approx 277.33$$

知识拓展

1. 变上限积分函数

定义1.6.3 若函数 $f(x)$ 在区间 $[a,b]$ 上连续,那么在区间 $[a,b]$ 上每一点 x 就有一个确定的定积分 $\int_a^x f(t) dt$ 的值与 x 对应,即构成一个新的函数,称为积分上限函数或变上限定积分,记为 $\Phi(x)$,即

$$\Phi(x) = \int_a^x f(t) dt, x \in [a,b]$$

变上限的定积分的应用示例

(1) $\Phi'(x) = \left[\int_a^x f(t) dt\right]' = f(x)$.

(2) 如果 $g(x)$ 可导,则 $\left[\int_a^{g(x)} f(t) dt\right]' = f[g(x)] \cdot g'(x)$.

例1 设 $\Phi(x) = \int_1^x t\cos t \, dt$,求 $\Phi'(x)$.

解 $\Phi'(x) = \left(\int_1^x t\cos t \, dt\right)' = x\cos x$.

例2 设 $\Phi(x) = \int_1^{x^2} \tan t\, dt$，求 $\Phi'(x)$.

解 $\Phi'(x) = \left(\int_1^{x^2} \tan t\, dt\right)' = \tan x^2 \cdot (x^2)' = 2x\tan x^2$.

例3 设 $\Phi(x) = \int_x^{x^2} \dfrac{1}{1+t^2}\, dt$，求 $\Phi'(x)$.

解 $\Phi'(x) = \left(\int_x^{x^2} \dfrac{1}{1+t^2}\, dt\right)' = \left(\int_x^0 \dfrac{1}{1+t^2}\, dt + \int_0^{x^2} \dfrac{1}{1+t^2}\, dt\right)'$

$= \left(-\int_0^x \dfrac{1}{1+t^2}\, dt + \int_0^{x^2} \dfrac{1}{1+t^2}\, dt\right)' = -\dfrac{1}{1+x^2} + \dfrac{2x}{1+x^4}$.

2. 定积分的计算

例1 $\int_0^1 x^2\, dx = \dfrac{1}{3}x^3 \Big|_0^1 = \dfrac{1}{3}(1^3 - 0^3) = \dfrac{1}{3}$.

例2 $\int_1^2 \dfrac{1}{x^2(x^2+1)}\, dx = \int_1^2 \dfrac{1+x^2-x^2}{x^2(x^2+1)}\, dx = \int_1^2 \left(\dfrac{1}{x^2} - \dfrac{1}{x^2+1}\right) dx$

$= \left(-\dfrac{1}{x} - \arctan x\right)\Big|_1^2 = -\dfrac{1}{2} - \arctan 2 + 1 + \arctan 1$

$= \dfrac{1}{2} - \arctan 2 + \dfrac{\pi}{4}$.

例3 $\int_0^{\frac{\pi}{2}} \dfrac{\cos 2x}{\cos x - \sin x}\, dx = \int_0^{\frac{\pi}{2}} \dfrac{\cos^2 x - \sin^2 x}{\cos x - \sin x}\, dx$

$= \int_0^{\frac{\pi}{2}} (\cos x + \sin x)\, dx = (\sin x - \cos x)\Big|_0^{\frac{\pi}{2}} = (1-0) - (0-1) = 2$.

例4 $\int_0^{\frac{\pi}{2}} \left|\dfrac{1}{2} - \sin x\right| dx = \int_0^{\frac{\pi}{6}} \left(\dfrac{1}{2} - \sin x\right) dx + \int_{\frac{\pi}{6}}^{\frac{\pi}{2}} \left(\sin x - \dfrac{1}{2}\right) dx$

$= \left(\dfrac{1}{2}x + \cos x\right)\Big|_0^{\frac{\pi}{6}} - \left(\dfrac{1}{2}x + \cos x\right)\Big|_{\frac{\pi}{6}}^{\frac{\pi}{2}}$

$= \left(\dfrac{\pi}{12} + \dfrac{\sqrt{3}}{2} - 1\right) - \left(\dfrac{\pi}{4} + 0 - \dfrac{\pi}{12} - \dfrac{\sqrt{3}}{2}\right) = \sqrt{3} - 1 - \dfrac{\pi}{12}$.

例5 (1) $\int_0^1 (2-3x)^4\, dx = -\dfrac{1}{3}\int_0^1 (2-3x)^4\, d(2-3x)$

$= -\dfrac{1}{15}(2-3x)^5 \Big|_0^1 = -\dfrac{1}{15}[(-1)^5 - 2^5] = \dfrac{33}{15}$.

(2) $\int_0^1 \dfrac{x^5}{1+x^6}\, dx = \dfrac{1}{6}\int_0^1 \dfrac{1}{1+x^6}\, d(1+x^6) = \dfrac{1}{6}\ln(1+x^6)\Big|_0^1 = \dfrac{1}{6}\ln 2$.

(3) $\int_0^{\ln 2} e^x \sin e^x\, dx = \int_0^{\ln 2} \sin e^x\, de^x = -\cos e^x \Big|_0^{\ln 2} = \cos 1 - \cos 2$.

(4) $\int_{e}^{e^2} \dfrac{1}{x\ln x}dx = \int_{e}^{e^2} \dfrac{1}{\ln x}d\ln x = \ln|\ln x|\big|_{e}^{e^2} = \ln 2.$

(5) $\int_{0}^{\frac{\pi}{2}} \cos^3 x \sin x dx = \int_{0}^{\frac{\pi}{2}} \cos^3 x d(-\cos x) = -\dfrac{1}{4}\cos^4 x \big|_{0}^{\frac{\pi}{2}} = \dfrac{1}{4}.$

例 6 求下列积分：

(1) $\int_{2}^{4} \dfrac{dx}{x\sqrt{x-1}}$; (2) $\int_{0}^{\ln 5} \sqrt{e^x - 1}\, dx$;

解 (1) 设 $t = \sqrt{x-1}$，则 $x = 1 + t^2$，$dx = 2tdt$.

当 $x = 2$ 时，$t = 1$；当 $x = 4$ 时，$t = \sqrt{3}$. 所以

$$\int_{2}^{4} \dfrac{dx}{x\sqrt{x-1}} = \int_{1}^{\sqrt{3}} \dfrac{2tdt}{(1+t^2)t} = 2\int_{1}^{\sqrt{3}} \dfrac{1}{1+t^2}dt = 2\arctan t\big|_{1}^{\sqrt{3}}$$

$$= 2\left(\dfrac{\pi}{3} - \dfrac{\pi}{4}\right) = \dfrac{\pi}{6}.$$

(2) 设 $t = \sqrt{e^x - 1}$，则 $x = \ln(1 + t^2)$，$dx = \dfrac{2t}{1+t^2}dt$.

当 $x = 0$ 时，$t = 0$；当 $x = \ln 5$ 时，$t = 2$. 所以

$$\int_{0}^{\ln 5} \sqrt{e^x - 1}\, dx = \int_{0}^{2} t \cdot \dfrac{2t}{1+t^2}dt = 2\int_{0}^{2} \dfrac{t^2}{1+t^2}dt$$

$$= 2\int_{0}^{2}\left(1 - \dfrac{1}{1+t^2}\right)dt = 2(t - \arctan t)\big|_{0}^{2}$$

$$= 4 - 2\arctan 2.$$

对称区间上的定积分的应用示例

例 7 求下列积分：

(1) $\int_{-2}^{2} \dfrac{x}{2+x^2}dx$; (2) $\int_{-2}^{2} \dfrac{x + |x|}{2+x^2}dx$.

解 (1) 因为被积函数 $f(x) = \dfrac{x}{2+x^2}$ 是对称区间 $[-2,2]$ 上的奇函数，所以

$$\int_{-2}^{2} \dfrac{x}{2+x^2}dx = 0$$

(2) $\int_{-2}^{2} \dfrac{x + |x|}{2+x^2}dx = \int_{-2}^{2} \dfrac{x}{2+x^2}dx + \int_{-2}^{2} \dfrac{|x|}{2+x^2}dx$

$$= 0 + 2\int_{0}^{2} \dfrac{x}{2+x^2}dx = \int_{0}^{2} \dfrac{1}{2+x^2}d(2+x^2)$$

$$= \ln(2+x^2)\big|_{0}^{2} = \ln 3.$$

例 8 求下列积分：

(1) $\int_{0}^{1} xe^{-x}dx$; (2) $\int_{1}^{e} \ln x dx$.

解 (1) 设 $u = x$，$v' = e^{-x}$，则 $v = -e^{-x}$. 所以

$$\int_0^1 xe^{-x}dx = \int_0^1 xd(-e^{-x}) = -\int_0^1 xde^{-x} = -xe^{-x}\Big|_0^1 + \int_0^1 e^{-x}dx$$
$$= -xe^{-x}\Big|_0^1 - e^{-x}\Big|_0^1 = -2e^{-1} + 1.$$

（2）设 $u = \ln x$，$v = x$．所以
$$\int_1^e \ln x dx = x\ln x\Big|_1^e - \int_1^e xd\ln x = e - \int_1^e x \cdot \frac{1}{x}dx = e - e + 1 = 1.$$

3. 利用定积分求平面图形面积

定积分的应用 二

一般地，如果函数 $y = f(x)$，$y = g(x)$ 在区间 $[a, b]$ 上连续，并且在 $[a, b]$ 上有 $g(x) \leqslant f(x)$，则介于两条曲线 $y = f(x)$，$y = g(x)$ 以及两条直线 $x = a$，$x = b$ 之间的平面图形的面积元素（见图 1-6-9 中的阴影部分）为 $dA = [f(x) - g(x)]dx$．因此，平面图形（见图 1-6-9）的面积为 $A = \int_a^b [f(x) - g(x)]dx$．

同样地，如果函数 $x = \varphi(y)$，$x = \psi(y)$ 在区间 $[c, d]$ 上连续，并且在 $[c, d]$ 上有 $\varphi(y) \leqslant \psi(y)$，则介于两条曲线 $x = \varphi(y)$，$x = \psi(y)$ 以及两条直线 $y = c$，$y = d$ 之间的平面图形（见图 1-6-10）的面积元素为 $dA = [\psi(y) - \varphi(y)]dy$，因而此图形的面积为 $A = \int_c^d [\psi(y) - \varphi(y)]dy$．

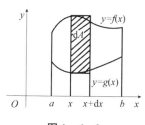

图 1-6-9

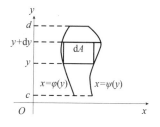

图 1-6-10

例 1 求曲线 $y = e^x$，$y = e^{-x}$ 与直线 $x = 1$ 所围成平面图形的面积．

解 如图 1-6-11 所示，曲线 $y = e^x$，$y = e^{-x}$ 与直线 $x = 1$ 的交点分别为 $A(1, e)$，$B(1, e^{-1})$，则所求面积 $S = \int_0^1 (e^x - e^{-x})dx = (e^x + e^{-x})\Big|_0^1 = e + e^{-1} - 2$．

例 2 为了充分利用土地进一步美化城市，城市的某街边公园的形状设计成由抛物线 $4y^2 = x$ 与直线 $x + y = \frac{3}{2}$ 所围成的图形，求此公园的面积．

解 如图 1-6-12 所示，先确定两条曲线交点的坐标．

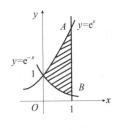
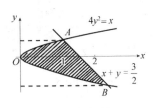

图 1-6-11　　　　图 1-6-12

解方程组 $\begin{cases} 4y^2 = x, \\ x + y = \dfrac{3}{2}, \end{cases}$ 得交点 $A\left(1, \dfrac{1}{2}\right), B\left(\dfrac{9}{4}, -\dfrac{3}{4}\right).$

以 y 为积分变量,则所求面积

$$S = \int_{-\frac{3}{4}}^{\frac{1}{2}} \left[\left(\frac{3}{2} - y\right) - 4y^2\right]dy = \left(\frac{3}{2}y - \frac{1}{2}y^2 - \frac{4}{3}y^3\right)\Big|_{-\frac{3}{4}}^{\frac{1}{2}} = \frac{125}{96}$$

注:如果以 x 为积分变量,则所求面积

$$S = \int_0^1 \left[\frac{\sqrt{x}}{2} - \left(-\frac{\sqrt{x}}{2}\right)\right]dx + \int_1^{\frac{9}{4}} \left[\left(\frac{3}{2} - x\right) - \left(-\frac{\sqrt{x}}{2}\right)\right]dx$$

【基础练习 1-6】

1. 利用定积分的几何意义计算下列定积分:

(1) $\int_0^1 2x\,dx$;

(2) $\int_{-\pi}^{\pi} \sin x\,dx$;

(3) $\int_{-2}^{2} \sqrt{4 - x^2}\,dx$;

(4) $\int_0^{\pi} \cos x\,dx$.

2. 求下列函数的导数:

(1) $\Phi(x) = \int_x^{x^2} \dfrac{1}{1 + t^2}dt$;

(2) $\Phi(x) = \int_x^1 \dfrac{1 - t^2}{1 + t^2}dt$;

(3) $\Phi(x) = \int_{\cos x}^{\sin x} (1 - t^2)\,dt$.

3. 计算下列积分:

(1) $\int_0^1 \dfrac{1}{1 + t^2}dt$;

(2) $\int_0^{\frac{\pi}{4}} (\sin t + \cos t)\,dt$;

(3) $\int_{-\frac{1}{2}}^{\frac{1}{2}} \dfrac{1}{\sqrt{1 - x^2}}dx$;

(4) $\int_0^{\pi} |\cos t|\,dt$;

(5) $\int_1^2 \dfrac{(x + 1)(x^2 - 3)}{3x^2}dx$;

(6) $\int_0^{\pi} \cos^2 \dfrac{x}{2}dx$;

(7) 求 $\int_{-1}^{2} f(x)\mathrm{d}x$，其中 $f(x) = \begin{cases} x-1, x < 1, \\ \dfrac{1}{x}, x \geqslant 1. \end{cases}$

4. 求下列积分：

(1) $\int_{0}^{1} \mathrm{e}^{2x+1}\mathrm{d}x$ ；

(2) $\int_{0}^{\pi} \mathrm{e}^{\sin x}\cos x\mathrm{d}x$ ；

(3) $\int_{1}^{\mathrm{e}} \dfrac{1+\ln x}{x}\mathrm{d}x$ ；

(4) $\int_{0}^{1} \dfrac{2x}{1+x^2}\mathrm{d}x$ ；

(5) $\int_{0}^{3} x\sqrt{x+1}\mathrm{d}x$ ；

(6) $\int_{1}^{4} \dfrac{1}{\sqrt{x}(1+x)}\mathrm{d}x$ ；

(7) $\int_{0}^{\pi} x\sin x\mathrm{d}x$ ；

(8) $\int_{0}^{1} x\arctan x\mathrm{d}x$.

5. 求由下列曲线所围成平面图形的面积：

(1) $y = \dfrac{1}{x}, y = x, x = 2$ ；

(2) $y = x^2, y = 1$ ；

(3) $y^2 = 2x, x+y = 4$.

【提高练习 1-6】

1. $\int_{-\frac{\pi}{2}}^{\frac{\pi}{2}} \left(\dfrac{\sin x}{1+x^2} + \cos^2 x \right)\mathrm{d}x = $ _____ .

2. 设 $x \geqslant 0$ 时，$f(x)$ 连续，且 $\int_{0}^{x^2} f(t)\mathrm{d}t = x^2(1+x)$ ，则 $f(2) = $ _____ .

3. $\int_{1}^{+\infty} \dfrac{1}{x(1+x^2)}\mathrm{d}x = $ _____ .

4. 曲线 $y = |\ln x|$ 与直线 $x = \dfrac{1}{\mathrm{e}}, x = \mathrm{e}$ 及 $y = 0$ 所围成的区域的面积 $S = $ _____ .

5. 求下列积分：

(1) $\int_{1}^{\mathrm{e}^2} \dfrac{1}{x\sqrt{1+\ln x}}\mathrm{d}x$ ；

(2) $\int_{0}^{\pi} |\cos x|\sqrt{1+\sin x}\mathrm{d}x$ ；

(3) $\int_{0}^{\frac{\pi}{4}} x\cos 2x\mathrm{d}x$ ；

(4) $\int_{0}^{1} x^2\arctan x\mathrm{d}x$ ；

(5) $\int_{-1}^{1} \dfrac{x+1}{1+\sqrt[3]{x^2}}\mathrm{d}x$ ；

(6) $\int_{2}^{+\infty} \dfrac{1}{x\sqrt{x-1}}\mathrm{d}x$ ；

(7) 已知函数 $f(x) = \begin{cases} x\mathrm{e}^{-x}, x \leqslant 0, \\ \sqrt{2x-x^2}, 0 < x \leqslant 1, \end{cases}$ 求 $\int_{-3}^{1} f(x)\mathrm{d}x$.

【应用练习1-6】

1. 【产量的变化率和总产量】已知某产品的总产量变化率为 $f(t) = 40 + 12t - \frac{3}{2}t^2$（单位/天），求从第2天到第10天产品的总产量 Q.

2. 【边际成本、边际收益与总利润】某厂生产某种产品 Q 单位时，边际成本为5元/单位，边际收益为 $10 - 0.02Q$ 元/单位，当生产10单位产品时总成本为250元，问：生产多少单位产品时利润最大？并求出最大利润.

3. 【纯收入贴现值】有一个大型的投资项目，投资成本为10 000万元，投资年利率为5%，每年的均匀收入率为2 000万元，求该无限期投资的纯收入贴现值.

4. 【你能成为百万富翁吗？】某储户将10万元以活期存款形式存入银行，年利率为0.81%.

   (1) 如果以连续复利计算，在不计利息税的情况下，一年后储户可以得到多少本利和？

   (2) 按连续复利计算，该储户有可能成为百万富翁吗？

   (3) 如果该储户想在第10年成为百万富翁，他现在需存入多少钱？

5. 【应何时报废机器】某工厂购置了一台机器，收益与时间的函数关系为 $R(t) = 81 - \frac{t^2}{4}$（万元），维护成本与时间的函数关系为 $C(t) = 2t^2$（万元）. 假定机器报废时没有任何成本和残留价值，试问：其利用率最高（即累积利润最大）时，这台机器应使用多少年？并计算总利润.

6. 【收入流的现值】设连续3年内每年有稳定的收入流15 000元，且年利率为7.5%，按连续复利计算其现值.

7. 【收入流的现值与收回投资的年限】设某企业投资400万元，经测算，该企业在 $T = 10$ 年中可以有稳定的收入流 $A(t) = 100$ 万元，若年利率为10%，试求：

   (1) 该投资纯收入的现值；

   (2) 收回该投资的年限.

8. 某商品的需求函数为 $P = D(Q) = 24 - 3Q$，供给函数 $P = S(Q) = 2Q + 9$，求市场均衡点及消费者剩余和生产者剩余.

【数学文化聚焦】微积分符号史漫谈

1. 函数符号

约翰·伯努利于1649年首次提出函数概念,并以字母 n 表示变量 z 的一个函数. 1734年,欧拉以 $f\left(\dfrac{x}{a}+c\right)$ 表示 $\dfrac{x}{a}+c$ 的函数,在数学史上首次以"f"表示函数.

1797年,拉格朗日大力推荐以 f、F、ϕ 及 ψ 表示函数,对后世影响深远. 1820年,赫谢尔以 $f(x)$ 表示 x 的函数. 1839年,皮亚诺开始采用符号 $y=f(x)$ 及 $x=f^{-1}(y)$,成为现今通用的符号.

2. 和式号

以"Σ"来表示和式号是欧拉于1775年首先使用的,这个符号源于希腊文 $\sigma o\gamma \mu a\rho\omega$(增加)的字头,"$\Sigma$"正是 σ 的大写.

3. 极限符号

1786年,瑞士的吕利埃首次以"Lim"来简化极限(Limit).

1841年,魏尔斯特拉斯以 lim 代替 Lim,并于1854年采用符号 $\lim\limits_{n=\infty} p_n = \infty$. 在这一时期,魏尔斯特拉斯和柯西的工作更合成为极限中著名的"$\varepsilon-\delta$"定义. 1905年,里斯引入了表示趋向的符号"$\to$",而哈代于1908年采用了 $\lim\limits_{n=\infty}\left(\dfrac{1}{n}\right)=0$,并指出可写作 $\lim\limits_{n=\infty}$,$\lim\limits_{x=a}$. 1898年,普林斯海姆把下画的"="换作"$\to$",一直沿用至今.

4. 微分和导数符号

牛顿是最早以点号来表示导数的,他以 v,x,y 及 z 等表示变量,在其上加一点表示对时间的导数,如以 $\dot{x}$ 表示 x 对时间的导数. 此用法最早见于牛顿1665年的手稿.

1675年,莱布尼兹分别引入 dx 及 dy 以表示 x 和 y 的微分,并把导数记作 $\dfrac{\mathrm{d}x}{\mathrm{d}y}$. 当时以 x 表示纵坐标,而以 y 表示横坐标. 除了坐标轴符号的变化外,这一符号一直沿用至今,莱布尼兹还以 dd$v$ 表示二阶微分. 1694年,约翰·伯努利以 dddd$z$ 表示四阶微分,一度流行于18世纪. 第一个以撇点表示导数的人是拉格朗日,1797年他以 y' 表示一阶导数,y'' 及 y''' 分别表示二阶和三阶导数. 1823年,柯西同时以 y' 及 $\dfrac{\mathrm{d}y}{\mathrm{d}x}$ 表示 y 对 x 的一阶导数,这种用法也为人所接受,且沿用至今.

5. 积分符号

莱布尼兹于1675年以"omn·l"表示 l 的总和,而 omn 为"omnia"(意即所有、全部)之缩写,其后又改写为"$\int$",以"$\int l$"表示所有 l 的总和(Sum).$\int$ 为字母 s 的拉长,此符号沿用至今.

傅里叶是最先采用定积分符号的人.1822年,他在其名著《热的分析理论》中用了 $\frac{\pi}{2}\varphi(x) = \frac{1}{2}\int_0^\pi \varphi(x)\mathrm{d}x + \text{etc}$,同时 G·普兰纳用了符号 $\int_0^1 a^u \mathrm{d}u = \frac{a-1}{\operatorname{Log} a}$,并很快为数学界所接受.

实践模块

数学软件

实践一 数学软件 Mathematica 入门

Mathematica 是 1988 年美国 Wolfram Research 公司开发的综合数学软件包. 它是第一个将数值计算、符号运算和图形显示结合在一起的数学软件,它面向的使用对象是具有一定的数学知识但并不具有很多的计算机知识的人员.

2.1.1 Mathematica 的主要特点和功能

Mathematica 的特点:

Mathematica 系统是用 C 语言编写的,它吸取了不同类型软件的特点:

(1) 具有类似于 Basic 语言那样简单易学的交互式操作方式.

(2) 具有 MathCAD,MATLAB 那样强大的数值计算功能.

(3) 具有 Macsyma,Maple,Reduce 和 SMP 那样的符号计算功能.

(4) 具有 APL 和 Lisp 那样的人工智能列表处理功能.

(5) 像 C 和 Pascal 那样的结构化程序设计语言.

Mathematica 的功能:

1. 符号运算

(1) 初等数学. 可进行各种数和初等函数式的计算与化简.

(2) 微积分及积分变换. 可求极限、导数、微分、不定积分和定积分、极值、函数展开成级数、无穷级数求和及积分变换等.

(3) 线性代数. 可进行行列式、矩阵的各种运算,解线性方程组等.

(4) 解方程组. 能解各类方程组(包括微分方程组).

2. 数值计算

Mathematica 含有很多数值计算函数,涉及线性代数、插值与拟合、数值积分、微分方程的数值解、极值、线性规划、概率论与数理统计等.

3. 绘图

它有很强的作图能力,可以很方便地画出一元函数的平面图形和二元函数的三维图形,并在同一坐标系内进行不同图形的比较,还可对图形进行动态演示.

4. 编程

Mathematica 容许用户编制各种程序(文本文件),开发新的功能. 用户开发的功能可以在软件启动时被调入,同软件的使用功能不尽相同.

2.1.2 Mathematica 基本要求

1. 安装

正确安装 Mathematica 的软件,会在相应的文件夹 Mathematica 中出现 Mathematica.exe 的徽章图标 ❀,在开始菜单里将鼠标移向"程序",就会看见该文件夹. 通常可以将其快捷方式拖到桌面上. 每次用鼠标双击该图标 ❀,就会出现一个窗口,表示 Mathematica 已经启动. (见图 2-1-1)

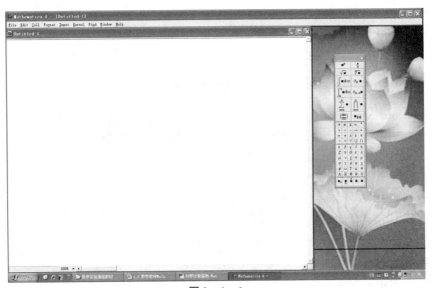

图 2-1-1

Mathematica 主界面窗口和一般 Windows 软件窗口很相似,它也可以进行拖动、放大、缩小操作. 要退出系统,只要单击右上角的关闭按钮. 也可以选择"File"菜单,再选"Exit"菜单项即可.

2. 工作环境

在主窗口上方是工作栏,第一行为标题行,显示所使用的 Notebook 文件名,初次打开时开始显示为 Untitled-1. 第二行为工具菜单(也称工具栏). Notebook 窗口与工作栏是独立的,可以关闭 Notebook 窗口,只留下工具栏,也可以打开多个工作窗口,而这些窗口也可以是分开的,在 Windows 菜单中可以设置窗口的排列方式.

工具栏上有 9 个菜单项,单击菜单项会弹出下拉式菜单. 下面重点讲解其中 8 个菜单项的常用的命令.

(1) File 菜单式文件管理菜单. 它的主要功能是新建文件、打开或关闭文件以及保存文件等.

(2) Edit 为编辑命令菜单. 常用的命令有剪切、复制、粘贴、选择、全选以及取消等.

(3) Cell 为"单元"菜单,"单元"是指工作窗输入的一组命令及其输出的一组结果.

(4) Format 是格式菜单. Mathematica 支持多种输入格式,如支持汉字输入.

(5) Kernel 是执行计算菜单. 当输入完表达式后,选取 Kernel 菜单中的 Evaluate cells 项,就可对鼠标所停留处的"单元"执行计算任务. 通常使用快捷方式 Shift + Enter.

(6) Find 为搜索与替换菜单.

(7) Windows 是窗口设置菜单. 它可以将同时打开的窗口层叠、垂直或水平摆放,以方便使用.

(8) Help 是帮助菜单,使用时可打开"help Browser"项,以获得系统帮助文件.

3. 语法要求

(1) 系统的函数(命令)要求区分英文大小写,且第一个字母要大写,而自变量要求放在方括号"[ ]"内.

(2) 注释语句要放在(* *)中间,在运行时系统不执行这部分内容.

(3) 变量名最好小写,以避免与系统变量冲突,比如大写 C 和 D 都不能用作变量名.

(4) 若输入键盘上没有的字符或数学符号,可以单击 File 菜单中 Palettes 项里的"Basic Input"(见图 2 - 1 - 2),以打开特殊符号表单.

(5) 乘法记号" * ",两个式子相乘中间要键入" * ",Basic Input 模板上有"×".

(6) Mathematica 的标点符号必须是在英文状态下输入. 在一行指令后加上";",标识指令执行但不显示结果. "( )"仅用来改变运算次序. "{ }"则用于命令中的选项或表示集合.

(7) 当一行命令过长时,可以用"Enter"键换行,一般在标点符号后换行即可.

图 2 - 1 - 2

2.1.3 常用语法

1. 基本运算

双击 Mathematica 图标 启动 Mathematica 系统，计算机屏幕出现 Mathematica 的主工作窗口，此时可以通过键盘或 Basic Input 模板输入要计算的表达式.

例1 先求表达式 $3 \times 2^2 + 12 \div (9-5)$ 的值，再求该表达式的平方.

解 在主工作窗口输入表达式 $3 \times 2^2 + 12 \div (9-5)$ 后，再按 Shift + Enter 组合键，执行运算，这时工作窗会显示如下运算结果.

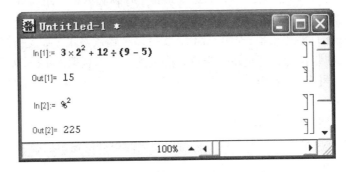

注：(1) "%" 代表上一个输出结果，该例中指 15.

(2) "In [1]: =" 及 "In [2]: =" 分别为第一输入行与第二输入行的标志，"Out [1] =" 及 "Out [2] =" 分别为第一输出行与第二输出行的标志，它们都是计算机自动给出的.

N [表达式] 用于计算表达式的近似值，Mathematica 默认的有效数字位数为 16 位，但按标准输出只显示前 6 位有效数字，若要全部显示，则用 N [表达式] //InputForm 命令.

N [表达式, n] 用于计算表达式的具有任意指定数字位数的近似值，指定数字的位数 n 应该大于 16，结果在末位是四舍五入的.

例2 求 e 的近似值.

解

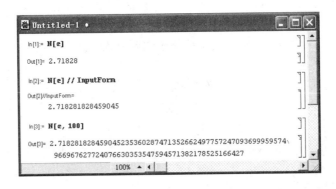

注：e 必须用 Basic Input 模块里的 "a"，绝不能用键盘中的 "e"。

2. 代数运算

Mathematica 的一个重要功能是进行代数公式演算，即符号运算．

Factor［多项式］用于多项式的因式分解．

Expand［多项式］用于多项式的展开．

例 3 设有多项式 $3x^2 + 2x - 1$ 和 $x^2 - 1$，

（1）将二者的积分解因式；

（2）将二者的积展开．

解

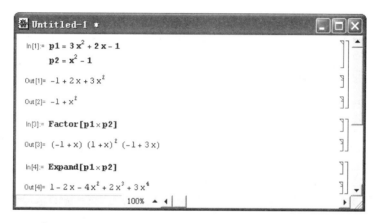

注：$p1 = 3x^2 + 2x - 1$ 表示给变量 $p1$ 赋值 $3x^2 + 2x - 1$．

3. 解方程的命令

命　　令	意　义
Solve［方程，变量］	求方程的解
Solve［{方程 1，方程 2，⋯}，{变量 1，变量 2，⋯}］	求方程组的解

例 4 解下列方程（组）：

（1）$15x^6 - 13x^5 - 73x^4 - 55x^3 - 86x^2 + 140x - 24 = 0$；

（2）$\sqrt{x-1} + \sqrt{x+1} = 0$；

（3）$\begin{cases} x + y = 1, \\ x^2 + y^2 = 1. \end{cases}$

解

```
In[5]:= Solve[15 x^6 - 13 x^5 - 73 x^4 - 55 x^3 - 86 x^2 + 140 x - 24 == 0, x]
Out[5]= {{x → -2}, {x → 1/5}, {x → 2/3}, {x → 3},
        {x → 1/2 (-1 - i√7)}, {x → 1/2 (-1 + i√7)}}
In[6]:= Solve[√(x-1) + √(x+1) == 0, x]
Out[6]= {}
In[8]:= Solve[{x+y == 1, x^2+y^2 == 1}, {x, y}]
Out[8]= {{x → 0, y → 1}, {x → 1, y → 0}}
```

2.1.4 函数运算

1. 常用数学符号与 Mathematica 输入的区别（见表 2-1-1）

表 2-1-1

命　　令	意　　义
Log[x]	$\ln x$
Log[a,x]	$\log_a x$
Sin[x]	$\sin x$
Cos[x]	$\cos x$
Tan[x]	$\tan x$
ArcSin[x]	$\arcsin x$
ArcTan[x]	$\arctan x$
Sin[x^2]	$\sin x^2$
Sin[x]^2	$\sin^2 x$

例 5 求下列表达式的值：

(1) $\sin^2 \dfrac{\pi}{4} + \cos \dfrac{\pi^2}{4} + \tan \dfrac{\pi}{4}$；

(2) $\ln e^2 + \log_2 8$；

(3) $\arcsin 1 + \arctan 1$．

解

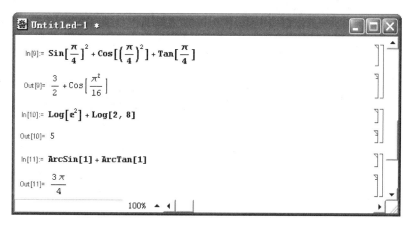

2. 定义函数（见表2-1-2）

表2-1-2

命　　令	意　　义
f[x_] := 函数表达式	$f(x) =$ 函数表达式
f[x_] := 函数表达式1/;x 的范围1 f[x_] := 函数表达式2/;x 的范围2 …	$f(x) = \begin{cases} \text{函数表达式1}; & x \text{ 的范围1} \\ \text{函数表达式2}; & x \text{ 的范围2} \\ \cdots & \cdots \end{cases}$

例6 定义函数 $f(x) = x^2 + x - 5$，并计算 $f\left(\dfrac{1}{2}\right)$、$\left[f\left(\dfrac{1}{2}\right)\right]^2$ 及 $f(\sin x)$．

解

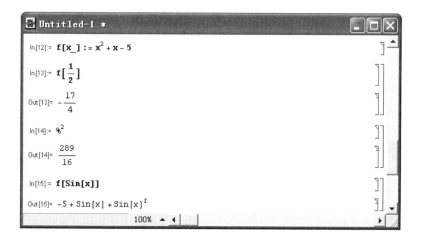

例8 定义分段函数 $f(x) = \begin{cases} x^2, x \leq 0, \\ 1, 0 < x \leq 2, \\ 3-x, x > 2. \end{cases}$ 并计算 $f(-2)$、$f(0.5)$ 及 $f(2.5)$.

解

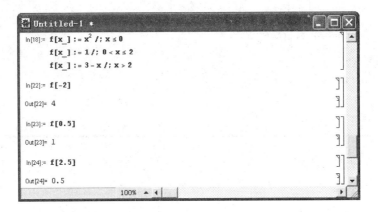

2.1.5 一元函数图形（见表2-1-3）

表2-1-3

命　　令	意　　义
Plot[f[x],{x,a,b},选择项]	在[a,b]上画函数$f(x)$的图形
Plot[{f[x],g[x],…},{x,a,b},选择项]	在[a,b]上同时画函数$f(x)$,$g(x)$,…的图形

在用Mathematica系统作图时，可以使用选择项对所绘制图形的细节提出各种要求和设置．下面介绍一些在Mathematica系统下作图的常用选择项（见表2-1-4）．

表2-1-4

选择项	意　　义
AxesLabel → {x,y}	指定坐标轴的名称为x,y
PlotStyle → Thickness[r]	定义函数$f(x)$的图形的粗细，$0 < r < 1$
PlotStyle → Dashing[{d_1,d_2}]	定义函数$f(x)$的图形的实线和虚线长度，$0 < d_1,d_2 < 1$
PlotStyle → RGBColor[r,g,b]	给函数$f(x)$的图形上色，r为红色系数，g为绿色系数，b为蓝色系数，$0 < r,g,b < 1$

例9 作出函数 $f(x) = x\sin\dfrac{1}{x}$ 在区间 $[-1,1]$ 内的图形，并进行修饰．

解

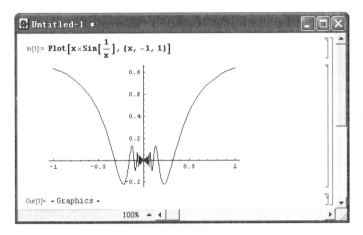

指定坐标轴的名称为 x, y.

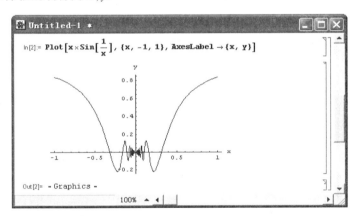

将图形中的线条加粗.

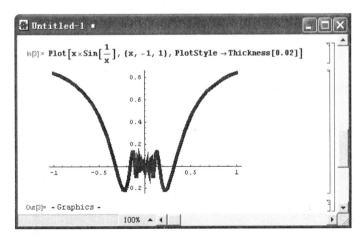

将图形中的线条画成虚线,并上红色.

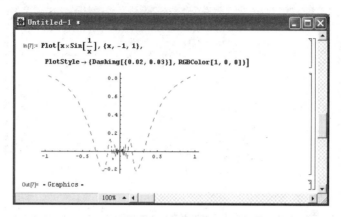

例 10 在同一坐标系下使用不同的颜色和线宽作出函数 $f(x) = \sin x$ 与 $g(x) = \cos x$ 在区间 $[-2\pi, 2\pi]$ 上的图形.

解

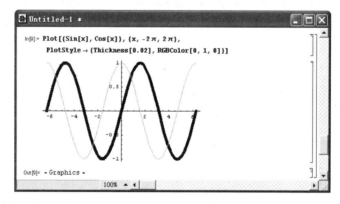

例 11 作出函数 $f(x) = \begin{cases} e^x, & -5 \leqslant x < 0, \\ 1-x, & 0 \leqslant x \leqslant 5 \end{cases}$ 的图形.

解

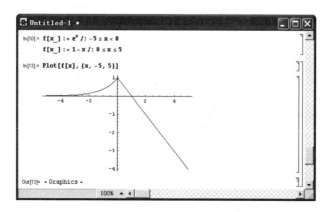

【基础练习 2-1】

1. 求算术表示式 $301^2 + (\pi - 2e) \div 2$ 的近似值.

2. 分解下列因式：

(1) $x^2 + 2xy + y^2 - x - y$;

(2) $x^{24} - y^{24}$;

(3) $x^8 + 6y^3 - 1$.

3. 设 $p_1 = x^3 - 2x^2 + x + 1$, $p_2 = 4x^4 - 3x^2 + 1$,

(1) 将二者的积分解因式；

(2) 将二者的积展开.

4. 解下列方程或方程组：

(1) $\dfrac{x+1}{3x+1} + \dfrac{2x}{5-6x} = \dfrac{5}{5+9x-18x^2}$;

(2) $\begin{cases} x + 2y - 3z = 3, \\ 3x - 5y + 7z = 19, \\ 5x - 8y - 11z = -13. \end{cases}$

5. 定义函数 $f(x) = x^2 - \sin x^2 + 5$, 求 $f\left(\dfrac{\pi}{2}\right)$, $\left[f\left(\dfrac{\pi}{2}\right)\right]^3$, $3\left[\left(f\dfrac{\pi}{2}\right)\right]^3$.

6. 定义分段函数 $f(x) = \begin{cases} e^x \sin x, x \leq 0, \\ \ln x, 0 < x \leq e, \\ \sqrt{x}, x > e. \end{cases}$ 求 $f(-10)$, $[f(-10)]^2$, $f(1.5)$, $f(10)$ 的值.

7. 在区间 $[-10, 10]$ 上画出下列函数的图形，并给予适当的修饰：

(1) $f(x) = 6\sin(x+3)\cos x$ 给坐标轴赋予名称，将曲线加粗，上成蓝色；

(2) $f(x) = x^4 + 3x^2 - 4x + 3$ 给坐标轴赋予名称，将曲线画成虚线，上成红色.

8. 设 $f(x) = \begin{cases} x^2 - \sin^2 x, x \leq 0, \\ -2x + 1, x > 0. \end{cases}$ 画出 $f(x)$ 的图形，绘图范围为 $-3 \leq x \leq 3$.

实践二 微积分运算

2.2.1 求极限

在 Mathematica 系统中,求函数极限的命令为 Limit. 其格式如表 2-2-1 所示.

表 2-2-1

命　　令	意　　义
Limit[f[x] , x → x_0]	$\lim\limits_{x \to x_0} f(x)$
Limit[f[x] , x → x_0 , Direction → -1]	$\lim\limits_{x \to x_0^+} f(x)$
Limit[f[x] , x → x_0 , Direction → 1]	$\lim\limits_{x \to x_0^-} f(x)$
Limit[f[x] , x → ∞]	$\lim\limits_{x \to +\infty} f(x)$
Limit[f[x] , x → -∞]	$\lim\limits_{x \to -\infty} f(x)$

注:当极限不存在时,会给出函数在 x_0 邻近振荡的范围.

例 1 用 Mathematica 软件求下列极限:

(1) $\lim\limits_{x \to 0} \dfrac{e^x - 1}{x}$; (2) $\lim\limits_{x \to 0} \dfrac{\tan x - \sin x}{\sin^3 x}$; (3) $\lim\limits_{x \to 0^-} 3^{\frac{1}{x}}$;

(4) $\lim\limits_{x \to 0^+} 3^{\frac{1}{x}}$; (5) $\lim\limits_{x \to -\infty} \arctan x$; (6) $\lim\limits_{x \to +\infty} \left(\dfrac{2x+5}{2x-1} \right)^{x+1}$;

(7) $\lim\limits_{n \to \infty} \left(1 - \dfrac{n+1}{n^2 - n} \right)^{\frac{n^2}{n+1}}$; (8) $\lim\limits_{x \to 0} \sin \dfrac{1}{x}$.

解

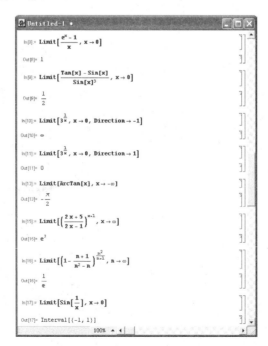

2.2.2 求导数与微分

1. 计算函数 $y = f(x)$ 的导数

在 Mathematica 系统下,计算函数 $y = f(x)$ 的导数的命令如表 2-2-2 所示.

表 2-2-2

命　　令	意　　义
D[f, x]、Dt[f, x] 或模板输入 $\partial_\square \square$	计算导数 $\dfrac{df}{dx}$
u = D[f, x] u/. x→x₀	计算导数 $\left.\dfrac{df}{dx}\right\|_{x=x_0}$

例 2 计算下列函数的导数:

(1) $y = (1-x)^5$,求 y'; (2) $y = (1+x)^x$,求 y';

(3) $y = e^x \cos x$,求 $y'\left(\dfrac{\pi}{2}\right)$.

解

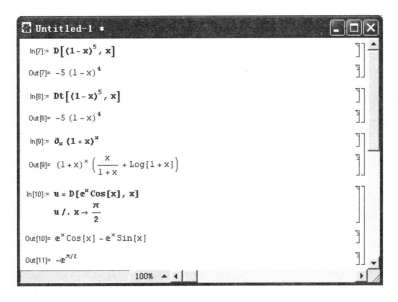

2. 计算由方程所确定的隐函数的导数

对由方程 $F(x,y) = 0$ 所确定的隐函数 $y = f(x)$,Mathematica 系统中没有提供直接求隐函数导数的命令,但可以通过下列方法完成计算过程,命令如表 2-2-3 所示.

表 2－2－3

命　　令	意　　义
f =（方程）……定义函数 df = Dt[f, x]……求导数 Solve[df, Dt[y, x]]……解方程	计算由方程 $F(x,y) = 0$ 所确定的 隐函数 $y = f(x)$ 的导数 y'

例 3　求由方程 $x^2 + y^2 = 1$ 所确定的隐函数 y 的导数 y'.

解

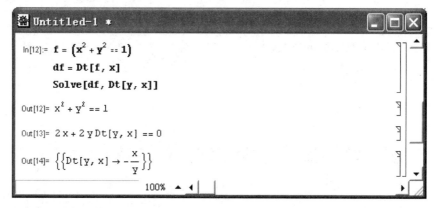

3. 计算函数 $y = f(x)$ 的高阶导数

在 Mathematica 系统下，计算函数高阶导数的命令如表 2－2－4 所示.

表 2－2－4

命　　令	意　　义
D [f, {x, n}]	计算导数 $\dfrac{d^n f}{d x^n}$
u = D [f, {x, n}] u/. x→x_0	计算导数 $\left.\dfrac{d^n f}{d x^n}\right\|_{x = x_0}$

例 4　计算下列函数的导数：

(1) $y = (1 - x)^5$，求 y'''、$y^{(5)}$、$y^{(7)}$；

(2) $y = e^x \cos x$，求 $y''\left(\dfrac{\pi}{2}\right)$.

解

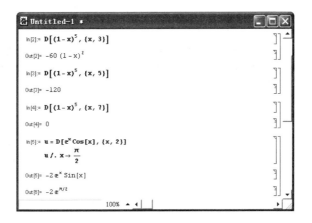

4. 计算函数微分

在 Mathematica 系统下，计算函数微分的命令如表 2-2-5 所示．

表 2-2-5

命　令	意　义
Dt [f]	求函数 $y = f(x)$ 的微分 dy

例 5　求函数 $y = \sin^3 2x$ 的微分 dy．

解

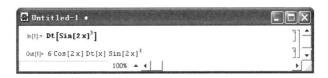

2.2.3　求极值

在 Mathematica 系统中求函数极值的命令格式如表 2-2-6 所示．

表 2-2-6

命　令	意　义
FindMinimum [f, {x, x_0}]	以 $x = x_0$ 作为初始值求函数 $f(x)$ 在 x_0 附近的极小值，结果以 $\{f_{min}, \{x \to x_{min}\}\}$ 形式输出，其中 f_{min} 是极小值，x_{min} 是极小值点

注：①在求函数极值时，首先要作出函数在某一区间的图形，通过图形观察函数在区间的不同区域内的大致极值点，然后用 FindMinimum 命令以这些点作为初始值搜索函数在这一区间内的极值．

②Mathematica 没有提供 FindMaximum 命令，如果想求出极大值，先将函数乘以 -1，再用 FindMinimum 命令求出的极小值乘以 -1 得到极大值．

例6 求函数 $f(x) = 6e^{-\frac{x^2}{4}}\sin 3x + x$ 在 $[-2,2]$ 内的极值.

解 首先定义函数,并作出函数在区间 $[-2,2]$ 的图形:

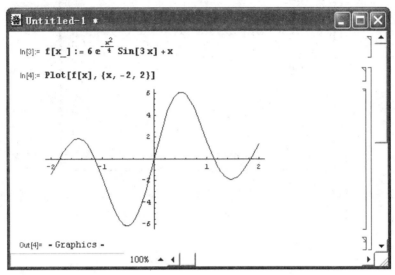

由于函数 $f(x)$ 有多个极小值,因此改变初始值能求得函数在不同区域的极小值.

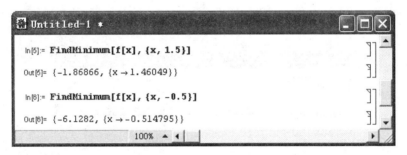

在 $x = 1.46049$ 处有极小值 -1.86866;在 $x = -0.514795$ 处有极小值 -6.1282. 下面求函数的极大值:

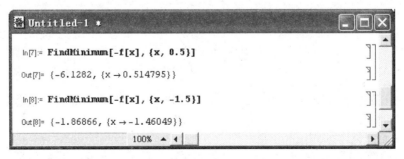

在 $x = 0.514795$ 处有极大值 6.1282;在 $x = -1.46049$ 处有极大值 1.86866.

2.2.4 求积分

在 Mathematica 系统中，用 Integrate 函数或用模板中的积分运算符号进行积分的计算，其格式如表 2-2-7 所示．

表 2-2-7

命　令	意　义
Integrate[f, x] 或用模块中的 $\int \square d\square$	计算不定积分 $\int f(x) dx$
Integrate[f, {x, a, b}] 或用模块中的 $\int_{\square}^{\square} \square d\square$	计算定积分 $\int_{b}^{a} f(x) dx$
Integrate[f, {x, a, ∞}] 或用模块中的 $\int_{\square}^{\square} \square d\square$	计算广义积分 $\int_{a}^{+\infty} f(x) dx$

注：用语句 Integrate[f, x] 求函数 $f(x)$ 的不定积分时，得到的是 $f(x)$ 的一个原函数，而不是全体原函数．

例7 计算下列积分：

(1) $\int x e^{x^2} dx$；　　　(2) $\int_{0}^{4} e^{\sqrt{x}} dx$；　　　(3) $\int_{-\infty}^{+\infty} \frac{1}{1+x^2} dx$．

解 (1)

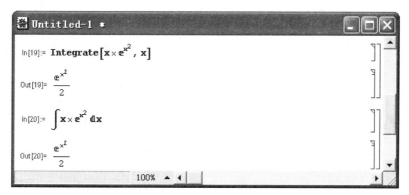

(2)

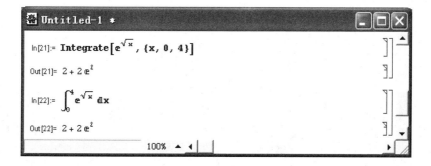

(3)

【基础练习 2-2】

1. 求极限：

(1) $\lim\limits_{x \to 0} \dfrac{\tan 3x - \sin 5x}{x}$；

(2) $\lim\limits_{x \to \infty} x \sin \dfrac{5}{x}$；

(3) $\lim\limits_{x \to \infty} \left(\dfrac{3x+2}{3x+1}\right)^{4x+7}$；

(4) $\lim\limits_{x \to 1} (1 + \ln x)^{\frac{2}{\ln x}}$.

2. 求导数与微分：

(1) $y = e^{-2x^3}$，求 y'；

(2) $y = \tan x^3$，求 y''；

(3) $y = \sin^4 \dfrac{x}{2}$，求 $y'\left(\dfrac{\pi}{2}\right)$；

(4) $y = \ln(1+x^2)$，求 $y''(0)$；

(5) 隐函数 $e^y \cdot x - 5 + y^2 = e$，求 y'；

(6) $y = x \sin 3x$，求 dy.

3. 求极值：

(1) 求出函数 $y = 2x^3 - 3x^2 - 12x + 14$ 的极值；

(2) 求出函数 $y = 2x^2 - x^4$ 的极值.

4. 求下列积分：

(1) $\displaystyle\int \dfrac{1}{\sqrt{1-3x}} dx$；

(2) $\displaystyle\int \sin 5x \, dx$；

(3) $\displaystyle\int_0^1 x e^{x^2} dx$；

(4) $\displaystyle\int_1^e \dfrac{1 + \ln x}{x} dx$；

(5) $\displaystyle\int_0^1 x \arctan x \, dx$；

(6) $\displaystyle\int_0^1 \sqrt{x} \, e^{\sqrt{x}} dx$；

(7) $\displaystyle\int_e^{+\infty} \dfrac{1}{x \ln^2 x} dx$；

(8) $\displaystyle\int_{-\infty}^{+\infty} \dfrac{dx}{1 + (x-1)^2}$.

参考答案

【基础练习 0-1】

1. 函数的定义域为 $(-\infty, +\infty)$,$f(1)=4$,$f(2)=1$,$f(4)-f(0)=10$.

2. (1) $\{x \mid x \neq \pm 1\}$;(2) $(-\infty, 1)$;(3) $[-1, 5]$.

3. (1) $y=\sqrt{x+2}$ 由 $y=\sqrt{u}$,$u=x+2$ 复合而成.

   (2) $y=\cos^2(2x+1)$ 由 $y=u^2$,$u=\cos v$,$v=2x+1$ 复合而成.

   (3) $y=\sin x^2$ 由 $y=\sin u$,$u=x^2$ 复合而成.

   (4) $y=\ln(\tan 2x)$ 由 $y=\ln u$,$u=\tan v$,$v=2x$ 复合而成.

   (5) $y=e^{\arcsin \frac{1}{x}}$ 由 $y=e^u$,$u=\arcsin v$,$v=\frac{1}{x}$ 复合而成.

   (6) $y=\operatorname{arccot}\dfrac{1}{\sqrt{1+x}}$ 由 $y=\operatorname{arccot} u$,$u=\dfrac{1}{\sqrt{v}}$,$v=1+x$ 复合而成.

【应用练习 0-1】

1. $y=\begin{cases} 3x, & 0 \leq x \leq 20, \\ 4.5x-30, & x>20. \end{cases}$

2. 行驶 12 千米付 22.8 元;行驶 23.7 千米付 49.2 元.

3. (1) $C_1=220+1.2x$,$C_2=250+0.8x$. (2)(3) 略.

4. 比原来亏了 1.146%.

5. 租金定为 780 元时收入最大.

6. 略.

【应用练习 1-1】

1. $Q=50(20-p)$,$(0<p\leq 20)$.

2. 供给函数为 $S=-13\,000+4\,000p$.

3. $\dfrac{260}{31}$.

4. 总成本 $C(300)=100+300+\dfrac{1}{100}\times 300^2=1\,300$;

   平均成本 $\overline{C}=\dfrac{C(300)}{300}=\dfrac{1\,300}{300}=\dfrac{13}{3}$.

5. $R = \begin{cases} 150q, 0 < q \leq 800, \\ 120\,000 + 120(q - 800), 800 < q \leq 1\,600. \end{cases}$

6. (1) $L(q) = 8q - 12 - q^2$;

(2) $L(5) = 3$ 万元,$\bar{L}(5) = 0.6$ 万元/件;

(3) $L(8) = -12$ 万元.

7. 盈亏平衡点处的产量为 5,价格为 90,此时既不盈利也不亏损.

8. $y = 20x + \dfrac{3\,000\,000}{x}$.

9. $y = \dfrac{x}{5} + \dfrac{40\,000}{x}$.

10. 订购 12 次,每次 300 台.

【基础练习 1-2】

1. (1) 收敛;(2) 收敛;(3) 发散;(4) 收敛.

2. (1) 0;(2) 0;(3) 0.

3. (1) $\dfrac{7}{3}$;(2) $\dfrac{2}{3}$;(3) ∞;(4) $\dfrac{1}{4}$;(5) 0;(6) ∞;(7) -1;(8) $\dfrac{1}{2}$;
(9) -1;(10) $\dfrac{7}{6}$;(11) $\dfrac{1}{2}$;(12) -2;(13) 2;(14) 5;(15) $\dfrac{1}{2}$;(16) e^{15};
(17) e^{-10};(18) $e^{-\frac{8}{5}}$;(19) e^{-1};(20) $e^{\frac{4}{3}}$.

4. (1) $x = 1, x = 2$;(2) $x = 0$;(3) $x = 1$;(4) $x = 0$.

【提高练习 1-2】

1. D. 2. D. 3. D. 4. C. 5. D. 6. B.

7. -2. 8. -2. 9. 1,-4. 10. $\dfrac{1}{4}$,1.

11. (1) $\dfrac{2}{3}$;(2) $\dfrac{n(1+n)}{2}$;(3) π;(4) $e^{-\frac{1}{2}}$;(5) 0;(6) $e^{-\frac{1}{6}}$.

【应用练习 1-2】

1. 按年结算 $A_5 = 248.832$ 万元,$A_{10} = 619.174$ 万元;

按连续复利结算 $A_5 = 100e$ 万元,$A_{10} = 100e^2$ 万元.

2. $50e^{0.4}$ 万元.

3. 0.

4. (1) 1.1 万元;(2) 1.105 2 元.

5. (1) 1.12 万元;(2) 28.666 58 万元;1.126 825 > 1.12,投资第二种方案合算;(3) 1.127 497 万元.

6. (1) 28.564 9 万美元；(2) 28.666 58 万美元.

7. (1) 100 万人；(2) 不会，会，会.

【基础练习 1-3】

1. (1) $y' = 3^x \ln 3 + 3x^2$；(2) $y' = \dfrac{1}{\sqrt{x}} + \dfrac{1}{x^2}$；(3) $y' = 4x + \dfrac{5}{2}x^{\frac{3}{2}}$；

(4) $y' = 2x \cdot \sin x \cdot e^x + x^2 \cdot \cos x \cdot e^x + x^2 \cdot \sin x \cdot e^x$；

(5) $y' = \dfrac{1 - \ln x}{x^2}$.

2. (1) $y' = e^{-2x^3} \cdot (-6x^2)$；

(2) $y' = 3\sin(4 - 3x)$；

(3) $y' = 4(\arcsin x)^3 \dfrac{1}{\sqrt{1+x^2}}$；

(4) $y' = 2\sin^3 \dfrac{x}{2} \cos \dfrac{x}{2}$；

(5) $y' = 3x^2 e^{-2x} \sin 5x - 2x^3 e^{-2x} \sin 5x + 5x^3 e^{-2x} \cos 5x$；

(6) $y' = 5^{x\ln x} \ln 5 (\ln x + 1)$.

3. (1) $y' = \dfrac{2xy - x^2}{y^2 - x^2}$；

(2) $y' = -\dfrac{ye^x + e^y}{xe^y + e^x}$.

4. (1) $\dfrac{d^2 y}{dx^2} = 2\arctan x + \dfrac{2x}{1+x^2}$；

(2) $y''\left(\dfrac{\pi}{2}\right) = -2\pi$；

(3) $y^{(n)} = 2^x (\ln 2)^n$；

(4) $\left.\dfrac{d^n y}{dx^n}\right|_{x=0} = n$.

5. (1) $\dfrac{1}{2}$；(2) 2；(3) 0；(4) ∞；(5) ∞；(6) $\dfrac{1}{2}$.

6. 切线方程为 $y - \dfrac{1}{2} = -\dfrac{\sqrt{3}}{2}\left(x - \dfrac{\pi}{3}\right)$；

法线方程为 $y - \dfrac{1}{2} = \dfrac{2\sqrt{3}}{3}\left(x - \dfrac{\pi}{3}\right)$.

7. (1) $dy = \dfrac{3x}{\sqrt{2+3x^2}} dx$；(2) $dy = (\sin 3x + 3x\cos 3x) dx$.

【提高练习 1-3】

1. B.   2. A.   3. B.   4. 0, 0.   5. $\dfrac{1}{x\sqrt{x+1}}dx$.

6. $(\tan x)^x \left(\ln\tan x + \dfrac{2x}{\sin 2x}\right) + x^{\sin\frac{1}{x}}\left(-\dfrac{1}{x^2}\cos\dfrac{1}{x}\ln x + \dfrac{1}{x}\sin\dfrac{1}{x}\right)$.

7. $y - 1 = -\dfrac{1}{e}(x - 0)$.

8. $f'(x) = \begin{cases} 2x\sin\dfrac{1}{x} - \cos\dfrac{1}{x}, & x > 0, \\ \dfrac{3x^2}{x^3 - 1}, & x \leq 0. \end{cases}$

9. $\dfrac{e-1}{1+e^2}$.

10. (1) $-\dfrac{1}{2}$；(2) $\dfrac{1}{4}$.

【应用练习 1-3】

1. $-3, -\dfrac{4}{3}$.

2. -0.57.

3. 约 81 元/件.

4. (1) $E_d = \dfrac{-bP}{a-bP}$；(2) $P = \dfrac{a}{2b}$.

5. 1.3 元.

6. -0.5；经济含义：价格与需求量反向变化，价格增加 1%，需求量减少 0.5%.

7. (1) -1.85；经济意义：当价格为 6 时，价格增加 1%，需求量减少 1.85%；

(2) 0.85%，增加.

8. 0.8.

9. 349.4 元/件.

【基础练习 1-4】

1. (1) 在区间 $(-\infty, -1)$，$(3, +\infty)$ 内单调增加，在区间 $(-1, 3)$ 内单调减少，极大值 $f(-1) = -3$，极小值 $f(3) = -67$.

(2) 在区间 $(-\infty, 0)$ 内单调增加，在区间 $(0, +\infty)$ 内单调减少，极大值 $f(0) = -1$.

(3) 在区间 $\left(\frac{1}{2}, +\infty\right)$ 内单调增加, 在区间 $\left(0, \frac{1}{2}\right)$ 内单调减少, 极小值 $f\left(\frac{1}{2}\right) = \frac{1}{2} + \ln 2$.

(4) 在区间 $(-\infty, 1)$ 内单调增加, 在区间 $(1, +\infty)$ 内单调减少, 极大值 $f(1) = 2$.

2. (1) 曲线在区间 $\left(\frac{5}{3}, +\infty\right)$ 内上凹, 在区间 $\left(-\infty, \frac{5}{3}\right)$ 内下凹, 拐点 $\left(\frac{5}{3}, -\frac{250}{27}\right)$;

(2) 曲线在区间 $\left(-\frac{1}{5}, +\infty\right)$ 内上凹, 在区间 $\left(-\infty, -\frac{1}{5}\right)$ 内下凹, 拐点 $\left(-\frac{1}{5}, -\frac{6}{5\sqrt[3]{25}}\right)$.

3. 最大值 $f(-1) = 10$, 最小值 $f(-4) = -71$.

【提高练习 1-4】

1. 增区间 $(0,1)$, 减区间 $(-\infty, 0), (1, +\infty)$, 极小值 $f(0) = -1$, 无极大值.
2. 上凹区间 $(-1,0)$, 下凹区间 $(0,1)$, 拐点 $(0,0)$.
3. 略.   4. 略.   5. 略.

【应用练习 1-4】

1. 300.
2. 9 750.
3. 60 人时最大利润为 2.1 万元.
4. 50.
5. 23.
6. 350 元/套, 1.089 万元.
7. 250.
8. 140.

【基础练习 1-5】

1. 略.
2. (1) $\frac{1}{4}x^4 + \frac{3^x}{\ln 3} + C$;

(2) $\frac{4}{3}x^{\frac{3}{2}} + \frac{2}{5}x^{\frac{5}{2}} + C$;

(3) $-\dfrac{1}{x} - \arctan x + C$

(4) $\dfrac{1}{2}x + \dfrac{1}{2}\sin x + C$;

(5) $-\cot u + \tan u + C$;

(6) $\sin x + \cos x + C$.

3. (1) $\dfrac{1}{200}(2x-1)^{100} + C$;

(2) $\dfrac{10^{3x}}{3\ln 10} + C$;

(3) $-\dfrac{2}{3}\sqrt{1-3x} + C$;

(4) $-\dfrac{1}{3}\sin(2-3x) + C$;

(5) $-\dfrac{1}{5}\cos 5x + C$;

(6) $\dfrac{1}{3}\arctan 3x + C$;

(7) $\dfrac{1}{4}\sin^4 x + C$;

(8) $\dfrac{1}{2}\ln(1+x^2) + C$;

(9) $\ln(1+e^x) + C$;

(10) $\arctan(\ln x) + C$;

(11) $e^{\sin x} + C$;

(12) $-\dfrac{1}{3}x\cos 3x + \dfrac{1}{9}\sin 3x + C$;

(13) $-\dfrac{1}{16}e^{-4x} - \dfrac{1}{4}xe^{-4x} + C$;

(14) $\dfrac{1}{2}x^2\ln x - \dfrac{1}{4}x^2 + C$;

(15) $x\arcsin x + \sqrt{1-x^2} + C$;

(16) $2\sqrt{x}\sin\sqrt{x} + 2\cos\sqrt{x} + C$.

【提高练习1-5】

1. A.   2. C.   3. C.

4. $-\dfrac{4}{3}$.

5. $-x + C$.

6. (1) $\dfrac{1}{2}\arcsin\dfrac{2}{3}x + \dfrac{1}{4}\sqrt{9-4x^2} + C$;

(2) $\dfrac{1}{2}\ln\left|\dfrac{e^x-1}{e^x+1}\right| + C$;

(3) $x - 4\sqrt{x+1} - 4\ln\left|\sqrt{x+1}+1\right| + C$;

(4) $\ln\ln x \cdot \ln x - \ln x + C$;

(5) $-\dfrac{1}{4}\left(x\cos 2x - \dfrac{1}{2}\sin 2x\right) + C$;

(6) $\dfrac{1}{2}x[\sin(\ln x) - \cos(\ln x)] + C$.

【应用练习 1-5】

1. (1) 13 000；13.　　(2) 24.
2. 9 975；199.5；199
3. $C'(q) = \dfrac{1}{\sqrt{q}}$；$R'(q) = \dfrac{5}{(q+1)^2}$；$L'(q) = \dfrac{5}{(q+1)^2} - \dfrac{1}{\sqrt{q}}$.
4. $Q'(4) = -8$，经济含义同名.
5. $Q'(10) \approx 0.22$，经济含义同名.
6. (1) $Q'(6) = -24$，经济含义同名；
(2) $E \approx -1.8$，经济含义同名；
(3) 当 $p = 6$ 时，若价格下降 1%，总收益将变化 1.85%，增加.
7. (1) $R'(Q) = 104 - 0.8Q$；(2) $R'(50) = 64$；(3) $E = 0.375$.
8. $R'(Q = 20) = 20$.
9. $R(Q) = 10Q - 2.5Q^2$.
10. $Q(t) = 0.1t^2 + t$.
11. $C(q) = 25q + 15q^2 - 3q^3 + 55$.
12. $L(Q) = 12Q - 0.3Q^2 - 80$.

【基础练习 1-6】

1. (1) 1；(2) 0；(3) 2π；(4) 0.
2. (1) $\dfrac{2x}{1+x^4}$；(2) $\dfrac{x^2-1}{1+x^2}$；(3) $\cos^3 x + \sin^3 x$.
3. (1) $\dfrac{\pi}{4}$；(2) 1；(3) $\dfrac{\pi}{3}$；(4) 2；(5) $\dfrac{1}{3} - \ln 2$；(6) $\dfrac{\pi}{2}$；(7) $-2 + \ln 2$

4. (1) $\frac{1}{2}e^3 - \frac{1}{2}e$；(2) 0；(3) $\frac{3}{2}$；(4) $\ln 2$；(5) $\frac{116}{15}$；

(6) $-\frac{\pi}{2} + 2\arctan 2$；(7) π；(8) $\frac{\pi}{4} - \frac{1}{2}$.

5. (1) $\frac{3}{2} - \ln 2$；(2) $\frac{4}{3}$；(3) 18.

【提高练习1-6】

1. $\frac{\pi}{2}$.

2. $1 + \frac{3\sqrt{2}}{2}$.

3. $\frac{1}{2}\ln 2$.

4. $2\left(1 - \frac{1}{e}\right)$.

5. (1) $2\sqrt{3} - 2$；(2) $\frac{8\sqrt{2}}{3} - \frac{4}{3}$；(3) $\frac{\pi}{8} - \frac{1}{4}$；(4) $\frac{\pi}{12} - \frac{1}{6} + \frac{1}{6}\ln 2$.

(5) $6\left(1 - \frac{\pi}{4}\right)$；(6) $\frac{\pi}{2}$；(7) $-2e^3 - 1 + \frac{\pi}{4}$.

【应用练习1-6】

1. 400.

2. 生产250单位时利润最大，最大利润为425元.

3. $R^* = R - a = \int_0^{+\infty} A e^{-rt} dt - a = \int_0^{+\infty} 2\,000 e^{-0.05t} dt - 10\,000 = 30\,000$（万元）

4. （1）10.081 3 万元；

（2）不能，因为需存款284年才能达到百万元；

（3）92.219 4 万元.

5. 6年，324 万元.

6. 4.029 7 万元.

7. （1）232.1万元；（2）约5.1年.

8. 均衡量 $\overline{Q} = 3$，均衡价格 $\overline{P} = 15$，$R_D(3) = \frac{27}{2}$，$R_S(3) = 9$.

单元练习

单元练习一

一、填空题

1. 函数 $f(x) = \begin{cases} \dfrac{1+x}{1-x}, & -1 \leq x < 0 \\ \sqrt{x^2+1}, & 0 \leq x < 2 \end{cases}$ 的定义域 _____.

2. $\lim\limits_{n \to \infty} \dfrac{1-3n^2}{4n^2+3n+6} =$ _____.

3. 数列 $x_n = (-1)^n \dfrac{n}{n+1}$ 是否收敛? _____

4. $\lim\limits_{x \to 1} \dfrac{4x-3}{x^2-3x+2} =$ _____.

5. $\lim\limits_{x \to 0} \dfrac{x}{\tan 2x} =$ _____.

6. $\lim\limits_{x \to \infty} \left(1 + \dfrac{4}{x}\right)^{-2x+10} =$ _____.

7. 函数 $y = \dfrac{x^2-1}{x-1}$ 的间断点 _____.

8. $\lim\limits_{x \to \frac{\pi}{2}} \dfrac{\cos x - 2}{x + \dfrac{\pi}{2}} =$ _____.

二、选择题

1. 函数 $y = \arcsin x^2$ 的复合过程是 (   ).
   A. $y = \text{arc}u, u = \sin x^2$ B. $y = \arcsin u, u = x^2$
   C. $y = u^2, u = \arcsin x$ D. $y = \text{arc}u, u = \sin^2 x$

2. $\lim\limits_{x \to 1} \dfrac{x^2-1}{x-1} = ($ $)$.
   A. 1   B. 0   C. 2   D. ∞

3. $\lim\limits_{x \to \infty} \dfrac{\sin x}{x} = ($ $)$.
   A. 1   B. 0   C. 不存在   D. ∞

4. 设 $\lim\limits_{n\to\infty}\left(1+\dfrac{2}{n}\right)^{kn} = e^{-3}$，则 $k = (\quad)$.

A. $\dfrac{3}{2}$ B. $\dfrac{2}{3}$ C. $-\dfrac{3}{2}$ D. $-\dfrac{2}{3}$

5. 设 $f(x) = \begin{cases} (1-x)^{\frac{1}{x}}, & x \neq 0 \\ a, & x = 0 \end{cases}$，在点 $x = 0$ 处连续，则 $a = (\quad)$.

A. -1 B. 1 C. $\dfrac{1}{e}$ D. e

6. 当 $x \to 0$ 时，下列变量为无穷小的是（ ）.

A. $\ln(2+x)$ B. $\dfrac{\sin x}{x}$ C. $(x-1)\sin x$ D. $\dfrac{1}{(x-1)^2}$

7. 当 $x \to 0$ 时，下列变量为无穷大量的是（ ）.

A. $x^2 + 2x$ B. 2^x C. $\dfrac{1}{x^2 + x^3}$ D. $\tan x$

8. 函数 $f(x) = \dfrac{1}{2-x^2}$ 的间断点的个数是（ ）.

A. 0 B. 1 C. 2 D. 3

三、计算题

1. $\lim\limits_{x\to 1}\left(\dfrac{1}{1-x} - \dfrac{3}{1-x^3}\right)$.

2. $\lim\limits_{x\to 0}\left(\dfrac{\sin 2x - \tan 7x}{x}\right)$.

3. $\lim\limits_{x\to 0}\dfrac{x - \sin x}{x + \sin x}$.

四、解答题

设函数 $f(x) = \begin{cases} \dfrac{1}{3}(x-5), & -4 \leq x \leq -1 \\ x, & -1 < x \leq 2 \\ x^2 - 6x + 10, & 2 < x \leq 3 \end{cases}$，问：当 $x = -1$，$x = 2$ 时，函数 $f(x)$ 是否连续？

单元练习二

一、填空题

1. 设 $y = \sin x$，则 $\left.\dfrac{dy}{dx}\right|_{x=\frac{\pi}{2}}$ = _____.

2. 设 $f(x) = x^3 + 3^x$，则 $f'(x)$ = _____.

3. 设 $y = \dfrac{x^5 + x^2 + 1}{x^3}$，则 $\dfrac{dy}{dx}$ = _____.

4. 设 $f(x) = \log_5 x^2$，则 $f'(2)$ = _____.

5. 设 $y = \ln 2x$，则 dy = _____.

6. 设 $y = x^3 + 2$，则 y'' = _____.

7. 设 $f(x) = 3^x$，则 $f''(x)$ = _____.

8. 设 $y = \cos 2x$，则 $\left.dy\right|_{x=\frac{\pi}{6}}$ = _____.

9. 设 $f(x) = e^{2x} + \arcsin x$，则 $df(x)$ = _____.

10. 设 $f(x) = e^x \cos x$，则 $\left.df(x)\right|_{x=0}$ = _____.

二、选择题

1. 设 $f(x) = 2^x + x^2$，则 $f'(1) = (\quad)$.

   A. $\dfrac{2}{\ln 2} + \dfrac{1}{2}$ B. $\dfrac{2}{\ln 2} + 2$ C. $2\ln 2 + \dfrac{1}{2}$ D. $2\ln 2 + 2$

2. 设 $y = \sin x$，则 $y^{(5)} = (\quad)$.

   A. $\sin x$ B. $\cos x$ C. $-\sin x$ D. $-\cos x$

3. 设 $y = \arcsin x + \cos \dfrac{\pi}{3}$，则 $dy = (\quad)$.

   A. $-\dfrac{dx}{\sqrt{1-x^2}}$ B. $-\left(\dfrac{1}{\sqrt{1-x^2}} + \dfrac{1}{\sqrt{1-\dfrac{x^2}{9}}}\right)dx$

   C. $-\dfrac{1}{\sqrt{1-x^2}}$ D. $\dfrac{dx}{\sqrt{1-x^2}}$

4. 设 $f(x) = e^x$，则 $f^{(n)}(x) = (\quad)$.

   A. ne^x B. $n!e^x$ C. e^x D. e^{-x}

5. 设 $f(x) = x^{\frac{3}{2}}$，则 $f''(1) = (\quad)$.

   A. 0   B. 1   C. $\dfrac{3}{2}$ D. $\dfrac{3}{4}$

6. 过曲线 $y = \dfrac{x+4}{4-x}$ 上点 $(2, 3)$ 处的切线斜率为（　　）.

A. 0　　　　　　B. 1　　　　　　C. 2　　　　　　D. 3

7. 设 $y = \ln x$，求 $y'' = ($　　$)$.

A. $\dfrac{1}{x}$　　　　B. $-\dfrac{1}{x^2}$　　　　C. $\dfrac{1}{x^2}$　　　　D. $-\dfrac{1}{x}$

8. 设 $f(x) = \sin\dfrac{1}{x}$，则 $f'\left(\dfrac{1}{\pi}\right) = ($　　$)$.

A. π^2　　　　B. $-\pi^2$　　　　C. 0　　　　D. 1

三、计算题

1. 设 $f(x) = x^3 + 2\sin x + \log_2 5$，求 $f'(x)$.

2. 设 $y = \dfrac{\ln x}{x}$，求 y'.

3. 设 $f(x) = (3-x)(1+x^3)^2$，求 $f'\left(\dfrac{1}{2}\right)$.

4. 设 $y = (1+2x)^{30}$，求 $dy|_{x=-1}$.

5. 设 $y = \arcsin\sqrt{x}$，求 dy.

四、解答题

求曲线 $y = \dfrac{1}{3}x^3$ 上与直线 $x - 4y = 5$ 平行的切线方程.

单元练习三

一、填空题

1. 某商品的需求函数是 $Q = 3\,000\mathrm{e}^{-0.01p}$，价格为 100 时的需求弹性为 _____．

2. $\lim\limits_{x \to 0} \dfrac{\mathrm{e}^x - \mathrm{e}^{-x}}{\sin x} =$ _____．

3. $\lim\limits_{x \to +\infty} \dfrac{\ln x}{x^5} =$ _____．

4. 函数 $f(x) = x^3 + 3x$ 的单调区间为 _____．

5. 若函数 $f(x)$ 在 $[a,b]$ 上恒有 $f'(x) > 0$，则 $f(x)$ 在 $[a,b]$ 上的最大值为 _____，最小值为 _____．

6. 曲线 $f(x) = 4x - x^2$ 在区间 _____ 内是下凹的．

7. 曲线 $y = x^3$ 拐点为 _____．

8. $y = x + \sqrt{1-x}$ 在 $[-5,1]$ 上的最大值点为 _____．

二、选择题

1. 函数 $y = \arctan x - x$ 是（   ）．
   A. 在 $(-\infty, +\infty)$ 内单调增加
   B. 在 $(-\infty, +\infty)$ 内单调减少
   C. 在 $(-\infty, 0)$ 内单调减少，在 $(0, +\infty)$ 内单调增加
   D. 在 $(-\infty, 0)$ 内单调增加，在 $(0, +\infty)$ 内单调减少

2. 设函数 $f(x) = x^3 + 3x^2 - 9x - 4$，则 $f(x)$ 的极大值点是（   ）．
   A. $x = -1$　　　B. $x = 0$　　　C. $x = 1$　　　D. $x = -3$

3. 函数 $y = x^{\frac{2}{3}}$ 在 $x = 0$ 处有（   ）．
   A. 极大值　　　B. 极小值　　　C. 无极值　　　D. 无法确定

4. $f(x) = \mathrm{e}^{-2x}$ 在其定义域内是（   ）．
   A. 单调增加且是凹的　　　　　　B. 单调减少且是凹的
   C. 单调增加且是凸的　　　　　　D. 单调减少且是凸的

5. 函数 $y = \sqrt[3]{x^2} + 1$ 在 $[-1,2]$ 上的最大值点为（   ）．
   A. $x = -1$　　　B. $x = 0$　　　C. $x = 1$　　　D. $x = 2$

6. 下列极限中可以使用洛必达法则的是（   ）．
   A. $\lim\limits_{x \to \infty} \dfrac{\sin x}{x}$　　B. $\lim\limits_{x \to \infty} \dfrac{\cos x}{x}$　　C. $\lim\limits_{x \to 0} \dfrac{\sin x}{x}$　　D. $\lim\limits_{x \to 0} \dfrac{\cos x}{x}$

7. 设函数 $f(x)$ 在区间 I 内可导，且恒有 $f'(x) > 0$，则下列结论中正确的是（　　）.

　　A. $f(x)$ 在区间 I 上单调递减　　　　B. $f(x)$ 在区间 I 上单调增加

　　C. $f(x)$ 在区间 I 上是常数　　　　　D. $f(x)$ 在区间 I 上为非单调函数

8. $\lim\limits_{x \to 0^+} x \ln x = (\quad)$.

　　A. $-\infty$　　　　　　B. 1　　　　　　C. 0　　　　　　D. 不存在

三、计算题

1. $\lim\limits_{x \to 1} \dfrac{x^3 - 3x^2 + 2}{x^3 - x^2 - x + 1}$.

2. $\lim\limits_{x \to 0} \dfrac{x - \sin x}{x^3}$.

3. $\lim\limits_{x \to 1} \left(\dfrac{x}{x-1} - \dfrac{2}{x^2-1} \right)$.

4. $\lim\limits_{x \to +\infty} x(\pi - 2\arctan x)$.

5. 求函数 $f(x) = 3x^4 - 8x^3 + 6x^2 + 1$ 的单调区间与极值.

四、解答题

某商场以 80 元一件购进一批电暖气，若电暖气的需求函数为 $q = 160 - p$，试求该商场将售价定为多少时，才能获得最大利润.

单元练习四

一、填空题

1. $\int f(x)\,\mathrm{d}x = x^2 \mathrm{e}^{2x} + c$，则 $f(x) =$ _____．

2. $f(x)$ 的一个原函数为 $\sin x$，则 $\int_0^{\frac{\pi}{2}} f(x)\,\mathrm{d}x =$ _____．

3. $\int_2^2 \sin x\,\mathrm{d}x =$ _____．

4. $\int \cos x \mathrm{e}^{\sin x}\,\mathrm{d}x =$ _____．

5. $\int_3^1 f(x)\,\mathrm{d}x + \int_1^3 f(x)\,\mathrm{d}x + \int_3^1 \mathrm{d}x =$ _____．

6. $\dfrac{\mathrm{d}}{\mathrm{d}x} \int_a^b x^3\,\mathrm{d}x =$ _____．

7. $\dfrac{\mathrm{d}}{\mathrm{d}x} \int_0^x (t\sin t)\,\mathrm{d}t =$ _____．

8. $\int_{-1}^1 \dfrac{x^3}{1+x^2}\,\mathrm{d}x =$ _____．

9. $\int_0^1 \dfrac{1}{1+x^2}\,\mathrm{d}x =$ _____．

10. $\int_0^1 \sqrt{1-x^2}\,\mathrm{d}x =$ _____．

二、选择题

1. 下列不等式中正确的是（　　）．

   A. $\int_0^1 x\,\mathrm{d}x \leqslant \int_0^1 x^2\,\mathrm{d}x$
   B. $\int_0^1 x^3\,\mathrm{d}x \leqslant \int_0^1 x^2\,\mathrm{d}x$
   C. $\int_1^2 x^2\,\mathrm{d}x \leqslant \int_1^2 x\,\mathrm{d}x$
   D. $\int_0^{\frac{\pi}{2}} \sin x\,\mathrm{d}x \leqslant \int_0^{\frac{\pi}{2}} \sin^2 x\,\mathrm{d}x$

2. $\int_{-\infty}^0 \mathrm{e}^x\,\mathrm{d}x =$（　　）．

   A. 0　　　　B. 2　　　　C. -1　　　　D. 1

3. $\int \dfrac{\ln^3 x}{x}\,\mathrm{d}x =$（　　）．

   A. $2\ln^4 x + c$　　　B. $\dfrac{1}{2}\ln^4 x + c$　　　C. $4\ln^4 x + c$　　　D. $\dfrac{1}{4}\ln^4 x + c$

4. $\int_0^\pi |\cos x| dx = ($ $)$.

A. $-\int_0^{\frac{\pi}{2}} \cos x dx + \int_{\frac{\pi}{2}}^\pi \cos x dx$
B. $\int_0^{\frac{\pi}{2}} \cos x dx - \int_{\frac{\pi}{2}}^\pi \cos x dx$
C. $\int_0^{\frac{\pi}{2}} \cos x dx + \int_{\frac{\pi}{2}}^\pi \cos x dx$
D. $-\int_0^{\frac{\pi}{2}} \cos x dx - \int_{\frac{\pi}{2}}^\pi \cos x dx$

5. 设 $f(x) = \int_0^x \sqrt{1+t^2} dt$，则 $f'(0) = ($ $)$.

A. 1　　B. 0　　C. 2　　D. -1

6. 在函数 $f(x)$ 的积分曲线族中，所有曲线横坐标相同的点处的切线（   ）.

A. 平行于 x 轴　　B. 相互平行　　C. 平行于 y 轴　　D. 相互垂直

7. $\int_0^1 \frac{1}{1+\sqrt{x}} dx = ($ $)$.

A. $2-2\ln 2$　　B. $2+2\ln 2$　　C. 0　　D. 1

8. 连续函数在定义域内一定（   ）.

A. 可微　　B. 可导　　C. 可积　　D. 以上都不正确

三、计算题

1. 求 $\int \frac{x^2 - x + \sqrt{x} - 1}{x} dx$.

2. 求 $\int_0^4 \frac{1}{\sqrt{2x+1}} dx$.

3. 求 $\int_0^1 \frac{e^x}{1+e^{2x}} dx$.

4. 求 $\int xe^x dx$.

5. 求曲线 $y = x^2$ 与 $x = y^2$ 所围图形的面积.

四、解答题

每天生产某产品 Q 单位时，固定成本为 20 元，边际成本函数为 $C'(Q) = 0.4Q + 2$（元/单位）.

（1）求成本函数 $C(Q)$，若产品销售价为 18 元/单位，且产品全部售出，求利润函数 $L(Q)$；

（2）每天生产多少单位产品时，才能获得最大利润？

综合测试题一

一、填空题（每题 2 分，共 20 分）

1. 函数 $y = \dfrac{1}{x+1}$ 的间断点是 _____.

2. $\lim\limits_{x \to 0}(1-x)^{\frac{2}{x}+3} = $ _____.

3. $\lim\limits_{x \to 0}\dfrac{\tan 3x}{\sin 6x} = $ _____.

4. $\int_{-1}^{0} f(x)\,\mathrm{d}x + \int_{0}^{-1} f(t)\,\mathrm{d}t + \int_{1}^{1} f(u)\,\mathrm{d}u + \int_{1}^{2}\mathrm{d}x = $ _____.

5. $\left(\int_{0}^{x^2}\dfrac{1}{1+t^2}\mathrm{d}t\right)' = $ _____.

6. 设 $y = \sin x + \arcsin x$，则 $\mathrm{d}y|_{x=0} = $ _____.

7. 设函数 $f(x) = x^n$，则 $f^{(n)}(x) = $ _____.

8. 设需求函数 $Q = 14.5 - 1.5p$，供给函数 $S = -7.5 + 4p$，则均衡价格 p_0 为 _____.

9. $\int_{-5}^{5}\dfrac{x^3}{2+x^2}\mathrm{d}x = $ _____.

10. $\int_{-3}^{3}\sqrt{9-x^2}\,\mathrm{d}x = $ _____.

二、判断题（错的打"×"，对的打"√"，每小题 2 分，共 20 分）

1. 数列 $\left\{\dfrac{1}{2^n}\right\}$ 收敛于 0.   (   )

2. 若 $f(x)$ 在 (a,b) 内恒有 $f''(x) < 0$，则 $f(x)$ 在 (a,b) 内是下凹的.   (   )

3. 函数 $f(x)$ 的积分曲线族中，所有曲线横坐标相同的点处的切线相互平行.

(   )

4. $\int (e^x - 3\sin x + 4)dx = e^x - 3\cos x + C$. ( )

5. $\int \dfrac{1}{x^2}dx = \ln|x^2| + C$. ( )

6. $\lim\limits_{x \to 0} x\cos \dfrac{1}{x} = 0$. ( )

7. $\int_0^1 \sqrt{x}\,dx \geq \int_0^1 x^2\,dx$. ( )

8. 函数 $f(x) = \begin{cases} \dfrac{x^2 - 4}{x + 2}, & x \neq -2 \\ 4, & x = -2 \end{cases}$ 在点 $x = -2$ 处连续. ( )

9. 广义积分 $\int_0^{+\infty} e^{-2x}dx$ 是发散的. ( )

10. $\int \dfrac{x}{1 + x^2}dx = \dfrac{1}{2}\int \dfrac{1}{1 + x^2}dx^2 = \dfrac{1}{2}\arctan x + C$. ( )

三、选择题（每小题 3 分，共 15 分）

1. 下列关于 MA.thmA.tiC.A. 中正弦函数的写法，正确的是（　　）.
   A. sin x 　　　B. Sin x 　　　C. Sin[x] 　　　D. sin[x]

2. $\int_0^{\pi} |\cos x|dx = (\ \ )$.
   A. $-\int_0^{\frac{\pi}{2}} \cos x\,dx - \int_{\frac{\pi}{2}}^{\pi} \cos x\,dx$ 　　　B. $-\int_0^{\frac{\pi}{2}} \cos x\,dx + \int_{\frac{\pi}{2}}^{\pi} \cos x\,dx$
   C. $\int_0^{\frac{\pi}{2}} \cos x\,dx - \int_{\frac{\pi}{2}}^{\pi} \cos x\,dx$ 　　　D. $\int_0^{\frac{\pi}{2}} \cos x\,dx + \int_{\frac{\pi}{2}}^{\pi} \cos x\,dx$

3. 函数 $y = \ln\cos x$ 的导数 $\dfrac{dy}{dx}$ 是（　　）.
   A. $\dfrac{1}{\cos x}$ 　　　B. $-\dfrac{1}{x}\sin x$ 　　　C. $\tan x$ 　　　D. $-\tan x$

4. 设某商品的需求函数为 $Q = 3\,000e^{-0.02p}$，则需求弹性 $E_d(100) = (\ \ )$.
   A. 2 　　　B. -2 　　　C. 2% 　　　D. -2%

5. 曲线 $y = x^2$ 在点 $(1, 1)$ 处的切线方程是（　　）.
   A. $y - 1 = 2(x - 1)$ 　　　B. $y - 1 = \dfrac{1}{2}(x - 1)$
   C. $y - 1 = -2(x - 1)$ 　　　D. $y - 1 = -\dfrac{1}{2}(x - 1)$

四、计算题（每小题 5 分，共 20 分）

1. 求极限 $\lim\limits_{x \to +\infty} x\left(\dfrac{\pi}{2} - \arctan x\right)$.

2. 设方程 $xe^y - 5 + y^2 = 0$ 所确定的隐函数为 $y = y(x)$，求 y'.

3. 计算 $\int_0^3 x\sqrt{x+1}\,dx$.

4. 计算 $\int x\ln x\,dx$.

五、解答题（第一题 8 分，第二题 7 分，共 15 分）

1. 求函数 $f(x) = x - \dfrac{3}{2}\sqrt[3]{x^2}$ 的单调区间与极值.

2. 某城市公园的形状是由抛物线 $y = x^2$ 与直线 $y = 1$ 所围成的，求此公园的面积.

六、应用题（共 10 分）

生产某种产品 q 单位时的成本函数为 $C(q) = 5q + 200$，边际收入函数为 $R'(q) = 10 - 0.02q$，

求：（1）该产品的边际成本；
（2）该产品的收入函数；
（3）该产品的总利润函数；
（4）达到最大利润时的产量及最大利润.

综合测试题二

一、填空题（每题 2 分，共 20 分）

1. 函数 $y = \dfrac{\sin 3x}{x}$ 的间断点是 _____.

2. $\lim\limits_{x \to 0} (1-x)^{\frac{2}{x}+1} =$ _____.

3. $\lim\limits_{x \to 0} \dfrac{\sin 3x}{\tan 6x} =$ _____.

4. $\int_{10}^{10} f(x) \mathrm{d}x =$ _____.

5. $\int_{-4}^{0} f(x) \mathrm{d}x + \int_{0}^{-4} f(t) \mathrm{d}t + \int_{3}^{2} \mathrm{d}x =$ _____.

6. 设 $y = x^2 + 2^x$，则 $\mathrm{d}y \big|_{x=1} =$ _____.

7. 设函数 $f(x) = \mathrm{e}^x$，则 $f^{(20)}(x) =$ _____.

8. 设需求函数 $Q = 10 - 2p$，供给函数 $S = p - 2$，则均衡价格 p_0 为 _____.

9. $\int_{-\pi}^{\pi} \dfrac{x}{1+\sin^2 x} \mathrm{d}x =$ _____.

10. $\int_{-3}^{3} \sqrt{9-x^2} \mathrm{d}x =$ _____.

二、判断题（错的打"×"，对的打"√"，每小题 2 分，共 20 分）

1. 数列 $\left\{\dfrac{1}{n}\right\}$ 发散. （　　）

2. 曲线 $y = \sqrt[3]{x}$ 的拐点为 $(0,0)$. （　　）

3. 函数 $f(x)$ 的积分曲线族中，所有曲线横坐标相同的点处的切线相互垂直. （　　）

4. $(\ln \cos x)' = \dfrac{1}{\cos x}$. （　　）

5. $\int \dfrac{1}{1+x^2} \mathrm{d}x = \ln(1+x^2) + C$. （　　）

6. $\lim\limits_{x \to 0} x \cos \dfrac{1}{x} = 0$. （　　）

7. $\int_{1}^{2} x \mathrm{d}x \leq \int_{1}^{2} x^2 \mathrm{d}x$. （　　）

8. 函数 $f(x) = \begin{cases} 2+x^2, & x \leq 0, \\ \dfrac{\sin x}{x}, & x > 0 \end{cases}$ 在点 $x = 0$ 处连续. （　　）

9. 广义积分 $\int_{1}^{+\infty} \dfrac{1}{x^3} dx$ 是发散的. ( )

10. $\int \dfrac{x}{1+x^2} dx = \dfrac{1}{2} \int \dfrac{1}{1+x^2} dx^2 = \dfrac{1}{2} \arctan x + C$. ( )

三、选择题（每小题3分，共15分）

1. 下列关于 MA. thmA. tiC. A. 中 ln$x$ 函数的写法，正确的是（ ）.
   A. Ln[x]　　　　B. Ln[x]　　　　C. Log[x]　　　　D. log[x]

2. $\int_{0}^{\frac{\pi}{2}} \left| \sin x - \dfrac{1}{2} \right| dx = ($) .

   A. $\int_{0}^{\frac{\pi}{6}} \left(\sin x - \dfrac{1}{2} \right) dx + \int_{\frac{\pi}{6}}^{\frac{\pi}{2}} \left(\dfrac{1}{2} - \sin x \right) dx$

   B. $\int_{0}^{\frac{\pi}{6}} \left(\dfrac{1}{2} - \sin x \right) dx + \int_{\frac{\pi}{6}}^{\frac{\pi}{2}} \left(\sin x - \dfrac{1}{2} \right) dx$

   C. $\int_{0}^{\frac{\pi}{3}} \left(\sin x - \dfrac{1}{2} \right) dx + \int_{\frac{\pi}{3}}^{\frac{\pi}{2}} \left(\dfrac{1}{2} - \sin x \right) dx$

   D. $\int_{0}^{\frac{\pi}{3}} \left(\dfrac{1}{2} - \sin x \right) dx + \int_{\frac{\pi}{3}}^{\frac{\pi}{2}} \left(\sin x - \dfrac{1}{2} \right) dx$

3. 已知函数 $f(x)$ 二阶可导，且 $f'(0) = 0, f''(0) = -4$，则下列说法中正确的是（ ）.
   A. $f(0)$ 是极大值　　　　B. $f(0)$ 是极小值
   C. $(0, f(0))$ 是拐点　　　　D. $f(0)$ 不是极值

4. 设某商品的需求函数为 $Q = 100(6 - p)$，则需求弹性 $E_d(3) = ($ ）.
   A. 1　　　　B. -1　　　　C. 1%　　　　D. -1%

5. 曲线 $y = \sin x$ 在点 $\left(\dfrac{\pi}{6}, \dfrac{1}{2} \right)$ 处的切线的斜率为（ ）.

   A. $k = \dfrac{1}{2}$　　B. $k = -\dfrac{1}{2}$　　C. $k = -\dfrac{\sqrt{3}}{2}$　　D. $k = \dfrac{\sqrt{3}}{2}$

四、计算题（每小题5分，共20分）

1. 求极限 $\lim\limits_{x \to 0} \dfrac{1 - \cos x}{x^2}$.

2. 已知 $y = (1 + x^2) \arctan x$，求 y''.

3. 计算 $\int_{0}^{3} x \sqrt{x+1} \, dx$.

4. 计算 $\int xe^x dx$.

五、解答题（第一题 8 分，第二题 7 分，共 15 分）

1. 求函数 $f(x) = x^3 - 3x^2 - 9x + 1$ 的单调区间与极值.

2. 求由曲线 $y = x$，$y = \dfrac{1}{x}$ 与直线 $x = 2$ 所围平面图形的面积.

六、应用题（共 10 分）

生产某种产品的边际收入函数为 $R'(Q) = 32$，总成本函数为 $C(Q) = 0.3Q^2 + 20Q + 80$，其中 Q 为产量，

求：（1）该产品的总收入函数；

（2）该产品的边际成本；

（3）产量为多少时利润最大？最大利润是多少？

综合测试题三

一、填空题（每题 2 分，共 20 分）

1. $\lim\limits_{x \to 4} \dfrac{e^x + \cos(4-x)}{\sqrt{x} - 3} = $ _____ .

2. $\lim\limits_{x \to \infty} \left(1 + \dfrac{1}{5x}\right)^{4x+3} = $ _____ .

3. 设 $f(x) = x^2(2 + \sqrt{x})$，则 $f'(x) = $ _____ .

4. 设 $y = 2^x + x^2$，则 $\mathrm{d}y|_{x=0} = $ _____ .

5. $\int \tan x \, \mathrm{d}x = $ _____ .

6. $\int_{-2}^{2} \dfrac{x}{2 + x^2} \mathrm{d}x = $ _____ .

7. $\int_{-3}^{3} \sqrt{9 - x^2} \, \mathrm{d}x = $ _____ .

8. 飞机起飞的一段时间内，设飞机运动的路程 s（单位：米）与时间 t（单位：秒）的关系满足 $s = t^3 - \sqrt{t}$，当 $t = 4$ 时，飞机的加速度是 _____ .

9. 设某商品的需求函数为 $Q = 100(6 - p)$，则需求弹性 $E_d(3) = $ _____ .

10. 水从储藏箱的底部以速度 $v(t) = 200 - 4t$（单位：升/秒）流出，其中 $0 \leq t \leq 50$，在前 10 秒流出的总量 $L(10) = $ _____ .

二、选择题（每小题 3 分，共 21 分）

1. 数列 $\left\{(-1)^n \left(1 + \dfrac{1}{n}\right)\right\}$（　　）．

   A. 收敛于 -1　　B. 收敛于 1　　C. 收敛于 0　　D. 发散

2. 函数 $f(x) = \dfrac{x^2 - 4}{x + 2}$ 的间断点是（　　）．

   A. $x = 2$　　B. $x = -2$　　C. $x = 4$　　D. $x = 0$

3. 曲线 $y = x^2$ 在点 $(1, 1)$ 处的切线方程是（　　）．

   A. $y - 1 = 2(x - 1)$　　　　　　B. $y - 1 = \dfrac{1}{2}(x - 1)$

   C. $y - 1 = -2(x - 1)$　　　　　D. $y - 1 = -\dfrac{1}{2}(x - 1)$

4. 函数 $y = \ln\cos x$ 的导数 $\dfrac{\mathrm{d}y}{\mathrm{d}x}$ 是（　　）．

A. $\dfrac{dy}{dx} = \tan x$ B. $\dfrac{dy}{dx} = -\tan x$ C. $\dfrac{dy}{dx} = \cot x$ D. $\dfrac{dy}{dx} = -\cot x$

5. 广义积分 $\displaystyle\int_0^{+\infty} e^{-2x} dx$ (   ).

A. 收敛于 $\dfrac{1}{2}$ B. 收敛于 $-\dfrac{1}{2}$ C. 发散   D. 收敛于 0

6. 已知某商品的需求函数和供给函数分别为 $Q = 14.5 - 1.5p$,$S = -7.5 + 4p$. 该商品的均衡价格 p_0 是 (   ).

A. $p_0 = 3$ B. $p_0 = 4$ C. $p_0 = 5$ D. $p_0 = 6$

7. 下列极限中可以使用洛必达法则的是 (   ).

A. $\displaystyle\lim_{x \to 0} \dfrac{\sin 2x}{x}$ B. $\displaystyle\lim_{x \to \infty} \dfrac{\cos x}{x}$ C. $\displaystyle\lim_{x \to \infty} \dfrac{\sin x}{x}$ D. $\displaystyle\lim_{x \to 0} \dfrac{\cos x}{x}$

三、判断题（每题 2 分，共 8 分）

1. 在 MA. themA. tiC. A. 系统中，命令 Limit[ln[x], x→1] 是正确的. (   )

2. 设函数 $f(x)$ 的一个函数是 x^2,则 $f'(x) = 2$. (   )

3. 设 $f(x)$ 在 $[2,3]$ 上连续，则 $\displaystyle\int_2^3 f(x)dx + \int_3^2 f(t)dt + \int_2^2 f(u)du + \int_{-1}^2 dx = 3$. (   )

4. $\displaystyle\int \ln x\, dx = x\ln x - x$. (   )

四、计算题（每小题 5 分，共 25 分）

1. $\displaystyle\lim_{x \to 1} \dfrac{x^3 - 3x^2 + 2}{x^3 - x^2 - x + 1}$.

2. 求函数 $y = x^2 \sin\dfrac{1}{x}$ 在点 $x = 1$ 处的导数 $\left.\dfrac{dy}{dx}\right|_{x=1}$.

3. 求 $\displaystyle\int_{-1}^1 f(x)dx$,其中 $f(x) = \begin{cases} 1 + x^2, & x < 0, \\ e^x, & x \geq 0. \end{cases}$

4. 计算 $\displaystyle\int \dfrac{dx}{1 + \sqrt{3-x}}$.

5. 计算 $\displaystyle\int_{e^{-1}}^e |\ln x|\, dx$.

五、解答题（每题8分，共16分）

1. 求曲线 $y = x^4 - 2x^3 + 1$ 的凹向区间与拐点.

2.【公园的大小】为了充分利用土地进一步美化城市，城市的某街边公园的形状设计成由曲线 $y = e^x$，$y = e^{-x}$ 与直线 $x = 1$ 所围成平面图形，求它的面积.

六、应用题（共10分）

每天生产某种产品 Q 单位时，固定成本为20元，边际成本函数为 $C'(Q) = 0.4Q + 2$（元/单位），求：

（1）求成本函数 $C(Q)$；

（2）如这种产品销售价格为18元/单位，且产品可以全部售出，求利润函数 $L(Q)$；

（3）每天生产多少单位产品时，才能获得最大的利润？

综合测试题四

一、填空题（每题 2 分，共 20 分）

1. 函数 $y = \dfrac{1}{x}$ 的间断点是 $x =$ ＿＿＿＿＿．

2. $\lim\limits_{x \to \infty} \left(1 + \dfrac{1}{5x}\right)^{4x+3} =$ ＿＿＿＿＿．

3. $\lim\limits_{x \to 0} \dfrac{\sin 3x}{\tan 6x} =$ ＿＿＿＿＿．

4. 设 $y = x^3 - x$，则 $y' =$ ＿＿＿＿＿．

5. $\int_{2}^{2} x \, dx =$ ＿＿＿＿＿．

6. 若 $f(x)$ 在 (a,b) 上恒有 $f''(x) < 0$，则 $f(x)$ 在 (a,b) 内是＿＿＿＿函数（填"凹"或"凸"）．

7. 设 $f(x)$ 在 $[2,3]$ 上连续，则 $\int_{2}^{3} f(x) \, dx + \int_{3}^{2} f(t) \, dt + \int_{1}^{2} dx =$ ＿＿＿＿＿．

8. 设某商品的需求函数为 $Q = 100(6 - p)$，则需求弹性 $E_{\mathrm{d}}(4) =$ ＿＿＿＿＿．

9. $\left(\int_{0}^{x} \dfrac{1}{1 + t^2} \, dt\right)' =$ ＿＿＿＿＿．

10. $\int \sqrt{7x - 6} \, dx =$ ＿＿＿＿＿．

二、判断题（每小题 2 分，共 20 分）

1. 数列 $\left\{\dfrac{1}{n}\right\}$ 收敛于 0．　　　　　　　　　　　　　　　（　　）

2. 函数在某点连续则在该点一定可导．　　　　　　　　　　（　　）

3. 如果在区间 $[a,b]$ 上，恒有 $f(x) \geq 0$，则 $\int_{a}^{b} f(x) \, dx \geq 0$．　（　　）

4. $\int (\mathrm{e}^x - 3\sin x) \, dx = \mathrm{e}^x - 3\cos x + C$．　　　　　　　　（　　）

5. $\int \dfrac{1}{x^2} \, dx = \ln|x^2| + C$．　　　　　　　　　　　　　（　　）

6. $\lim\limits_{x \to \infty} \dfrac{\sin x}{x} = 0$．　　　　　　　　　　　　　　　（　　）

7. $(x^2 \mathrm{e}^x)' = (x^2)' \cdot (\mathrm{e}^x)' = 2x \cdot \mathrm{e}^x$．　　　　　　　　（　　）

8. 函数 $f(x)$ 的积分曲线族中，所有曲线横坐标相同的点处的切线相互平行．
　　　　　　　　　　　　　　　　　　　　　　　　　　（　　）

9. $f(x) = x - \arctan x$ 在其定义域上是单调递增的. ( )

10. $\lim\limits_{x \to 0} \dfrac{e^x - 1}{x^2 - x} = \lim\limits_{x \to 0} \dfrac{e^x}{2x - 1} = \lim\limits_{x \to 0} \dfrac{e^x}{2} = \dfrac{1}{2}$. ( )

三、选择题（每小题 3 分，共 30 分）

1. 下列关于 MA. thmA. tiC. A. 中正弦函数的写法，正确的是（ ）.
A. sinx   B. Sinx   C. Sin[x]   D. sin[x]

2. 下列 MA. thmA. tiC. A. 的命令中，表示求 $f'(x)$ 的是（ ）.
A. D.[f,{x,2}]   B. D.[f,x]   C. D.t[f]   D. D.t[f,{x,2}]

3. 下列 MA. thmA. tiC. A. 的命令中，表示求 $\lim\limits_{x \to 0^+} \dfrac{1}{x}$ 的是（ ）.
A. Limit[1/x, x→0, Direction→1]   B. Limit[1/x, x→0^+]
C. Limit[1/x, x→0, Direction→−1]   D. Limit[1/x, x→0]

4. 设 $f(x) = \begin{cases} (1+kx)^{\frac{1}{x}+1}, & x < 0 \\ e, & x \geq 0 \end{cases}$，在点 $x = 0$ 处连续，则 $k = $（ ）.
A. 1   B. 0   C. −1   D. e

5. 设函数 $y = 3^x + e^2$，则 $dy = $（ ）.
A. $3^x \ln 3$ B. $3^x \ln 3 + e^2$ C. $(3^x \ln 3 + e^2)dx$ D. $3^x \ln 3 dx$

6. 下列不等式中正确的是（ ）.
A. $\int_0^1 x dx \leq \int_0^1 x^2 dx$
B. $\int_0^1 e^x dx \leq \int_0^1 e^{x^2} dx$
C. $\int_0^{\frac{\pi}{2}} \sin x dx \leq \int_0^{\frac{\pi}{2}} x dx$
D. $\int_0^{\frac{\pi}{2}} \cos x dx \leq \int_0^{\frac{\pi}{2}} \cos^2 x dx$

7. 设函数 $f(x) = e^x$，则 $f^{(n)}(x) = $（ ）.
A. ne^x B. $n!e^x$ C. e^{-x} D. e^x

8. $\int_0^1 \dfrac{dx}{1+\sqrt{x}}$（ ）.
A. $2 - 2\ln 2$ B. $2 + 2\ln 2$ C. $8 - 2\ln 2$ D. $8 + 2\ln 2$

9. $\int_0^2 |1-x| dx = $（ ）.
A. $-\int_0^1 (1-x)dx - \int_1^2 (1-x)dx$ B. $\int_0^1 (1-x)dx - \int_1^2 (1-x)dx$
C. $\int_0^1 (1-x)dx + \int_1^2 (1-x)dx$ D. $-\int_0^1 (1-x)dx + \int_1^2 (1-x)dx$

10. 设某产品产量为 q 时的总成本函数为 $C(q) = 1\,000 + 7q + 50\sqrt{q}$，则当产量为 100 时的边际成本 $C'(100) = $（ ）.
A. 7.5   B. 8.5   C. 9.5   D. 6.5

四、计算题（每小题 5 分，共 10 分）

1. 设 $y = \sin(x^2 + 3x)$，求 y'.

2. 计算定积分 $\int_1^e \ln x \, dx$.

五、解答题（每小题 6 分，共 12 分）

1. 求函数 $f(x) = 2x^2 - x^4$ 的单调区间与极值.

2. 充分利用土地进一步美化城市，某城市公园的形状是由抛物线 $y = x^2$ 与直线 $y = 2x + 3$ 所围成的，求此公园的面积.

六、应用题（共 8 分）

某厂生产某产品 Q 单位时，固定成本为 1 000 元，边际成本为 $C'(Q) = 0.02Q + 10$（元/单位）. 若产品销售价为 30 元/单位，且产品全部售出，求利润函数及每天生产多少单位产品时，才能获得最大利润？